FAMILIEN KÜCHE

super easy!

Cora Wetzstein

Familien Küche super easy!

70 schnelle Rezepte mit wenig Zutaten

... und allen schmeckt's!

EMF

Ein Buch der Edition Michael Fischer

INHALT

SALATE

SUPPEN

HAUPTGERICHTE MIT FLEISCH

HAUPTGERICHTE MIT FISCH

VEGETARISCHE HAUPTGERICHTE

SÜSSES

VORWORT

LIEBE ELTERN,

kennen Sie den Gedanken: *Der Tag hat gefühlt schon wieder zu wenig Stunden!* Arbeit, Familie und Haushalt unter einen Hut zu bringen, ist kein leichtes Unterfangen. Kümmern wir uns um das Eine, plagt uns das schlechte Gewissen, weil unsere Lieben dabei „vernachlässigt" werden. Und ganz besonders, was die Ernährung unserer Kinder angeht, stehen wir Eltern ganz schön unter Druck. Gesund und ausgewogen soll es sein, was wir auf den Tisch bringen. Doch wie sollen wir das schaffen, wenn wir mal wieder länger arbeiten müssen, weil der Chef noch ganz dringend eine Präsentation für ein Meeting braucht, und die Kinder nach der Schule schon beinahe vor der Tür stehen, mit Kohldampf natürlich?! Oder ein anderes, ebenso bekanntes Szenario: Die ganze Familie genießt einen schönen Nachmittag im Freibad und in Ihrem Kopf pocht der Gedanke, jetzt schon alles zusammenzupacken, damit noch das Ratatouille mit selbst gebackenem Brot rechtzeitig zum Abendessen fertig wird! Gerade in solchen Situationen ist der Griff zur Tiefkühl-Pizza oder einem anderen Fertiggericht sehr verlockend. Aber, das muss gar nicht sein!

ZU VIELE ZUTATEN

„Das ist mir im Alltag alles zu umständlich!", höre ich sie dann oft sagen.

Die Idee zu diesem Buch ist in mir aus mehreren Gründen gereift: Zum einen, weil es mir oft genauso geht, wie oben beschrieben. Doch ich habe erkannt, dass ich aus dem, was mein Vorrats- und Kühlschrank so hergibt, noch eine ganz ordentliche Mahlzeit zaubern kann. Und zum anderen, höre ich oft von meinen Freunden oder Familienmitgliedern, dass die Rezepte in meinen Kochbüchern ja alle sehr lecker aussehen, aber sie die Hälfte der Gewürze nicht zu Hause haben oder manche der Zutaten gar nicht kennen, geschweige denn wissen, wo es sie zu kaufen gibt. „Das ist mir im Alltag alles zu umständlich!", höre ich sie dann oft sagen.

So kam mir die Idee, ein Kochbuch zu schreiben, das richtig „basic", also grundlegend einfach ist. Mit einer sehr begrenzten Zahl an Zutaten (s. S. 10), die wirklich überall erhältlich sind oder die jeder meist zu Hause hat, und die sich auch einige Zeit bevorraten lassen. Ergänzt um Öl, Essig, Salz, Pfeffer und Zucker. Und diese Zutaten habe ich im „Mix & Match"-Stil zu leckeren Rezepten kombiniert, die rasch gekocht sind und allen schmecken. Betrachten Sie das Buch als kleinen Helfer in der Zeitnot. Alle Rezepte in diesem Buch sind unkompliziert, aber abwechslungsreich. Und sie nehmen Ihnen den Stress und auch das schlechte Gewissen, damit Sie mit Stolz sagen können: „Ich habe heute keinen Döner geholt, sondern meine Familie mit einem leckeren, ausgewogenen Essen verwöhnt." Und Ihrer Familie wird dabei vermutlich gar nicht auffallen, dass die Rezepte aus dem Notfall-Vorrat stammen.

YUMMI,
Mami, das darfst du gern mal wieder machen!

Ich war sehr gespannt, wie die Gerichte meiner Familie schmecken, als ich sie für dieses Buch getestet habe. Suppe ohne Brühe, nur mit Salz und Pfeffer gewürzt, mediterrane Gerichte, in denen es nicht vor Kräutern strotzt, Asia-Curry ohne Ingwer … das kann doch gar nicht schmecken? Doch, das kann es! Und welch Balsam für die Seele, wenn es nach dem Essen hieß: „Yummi, Mami, das darfst du gern mal wieder machen!"

DIE ZUTATEN

Nur diese 20 Zutaten, ergänzt um Öl, Essig, Salz, Pfeffer und Zucker, mehr braucht es nicht, um die einfachen und abwechselungsreichen Rezepte in diesem Buch nachzukochen. Legen Sie sich davon einen Vorrat an und Sie sind immer gewappnet für den großen Hunger!

!

Ob gerührt oder gespiegelt, Eier sind ein gern gesehener Familienhit.

EIER

Sie sind in der schnellen Küche eigentlich unverzichtbar: Zum einen bleiben sie im Kühlschrank gelagert ab Legedatum etwa drei Wochen frisch, zum anderen lassen sich aus ihnen viele fixe Rezeptideen zubereiten. Für alle Rezepte in diesem Buch eignen sich Eier in Größe M, aber sie gelingen auch mit S- oder L-Eiern.

QUARK

Er liefert wertvolles Eiweiß, das Kinder im Wachstum gut gebrauchen können.

SAHNE

Sie verfeinert und bindet Suppen und Saucen. Süßspeisen verleiht sie ein wunderbar cremiges Mundgefühl. Frische Sahne, die meiner Meinung nach am besten schmeckt, ist etwa zwei Wochen haltbar, H-Sahne wesentlich länger.

QUARK

Er verhilft als Sauermilchprodukt zu einer gesunden Darmflora. In der Küche ist Quark universell einsetzbar und macht, sowohl süß als auch herzhaft zubereitet, immer eine gute Figur. Es gibt ihn in der Magerstufe, mit 20 % oder 40 % Fett. Nehmen Sie einfach den, der Ihnen am besten schmeckt.

Emmentaler, Bergkäse, Tilsiter, Butterkäse, Edamer oder Gouda eignen sich hervorragend.

KÄSE

Wer immer etwas Schnitt- oder Hartkäse im Kühlschrank hat, kann diesen eigentlich für alle Rezepte hier im Buch verwenden, wenn in der Zutatenliste „Käse" angegeben steht. Sollten auch andere Käsesorten passen, stehen sie als Vorschläge in Klammern dahinter.

DINKELMEHL

Sie sind ein Dinkelmehl-Fan? Dann nutzen Sie Type 630 oder 1050. Mehle mit höherer Typenzahl benötigen eventuell etwas mehr Flüssigkeit. Das müssen Sie einfach austesten.

Die meisten Kinder mögen lieber milde Currypulver-Sorten.

–TIPP–

Bleibt doch mal etwas altbackenes Brot übrig, gibt's Scheiterhaufen (s. S. 130), Reiche Ritter (s. S. 82) oder Kaspressknödel (s. S. 104).

NUDELN

Legen Sie sich einen kleinen bunten Vorrat an: jeweils lange und kurze Nudeln, ein Päckchen Suppennudeln und vielleicht noch eine Asia-Variante in Form von Glas- oder Mie-Nudeln. So kann man ganz nach Lust und Laune entscheiden, was heute in den Topf kommt.

REIS

Wenn Sie eine Sorte Langkornreis (z. B. Basmati- oder Spitzenlangkornreis) sowie eine Packung Rundkornreis (z. B. Milch- oder Risottoreis) im Vorrat haben, sind Sie für alle Rezepte mit Reis in diesem Buch perfekt gerüstet.

MEHL

Mehl hält sich viele Monate und sollte im Vorratsschrank nicht fehlen. Für fixe Teige und zum Binden ist es ein Must-have. Sie können für die Rezepte im Buch Weizenmehl Type 405, 550 oder 1050 verwenden.

NÜSSE

Mandeln, Wal- und Haselnusskerne finden Sie in jedem Supermarkt im Backregal. Am besten ganze Nusskerne kaufen und bei Bedarf im Blitzhacker mahlen. So werden die fettreichen Kerne nicht so schnell ranzig.

CURRYPULVER

Die gelbe Gewürzmischung ist neben Salz und Pfeffer eine tolle Ergänzung im Gewürzregal. Sie zaubert ein bisschen Asia-Feeling in jedes Gericht.

KARTOFFELN

Lagern Sie Kartoffeln kühl und dunkel, aber luftig – so können Sie sich über relativ langen Kartoffelgenuss freuen.

BROT

Der Kinderliebling Toastbrot geht natürlich immer, weil es sich auch gut einfrieren und nach Bedarf im Toaster auftauen lässt. Das funktioniert aber mit jeder anderen Brotsorte ebenso gut.

Brokkoli ist ein absolut toller Verwandlungskünstler!

!

Gekocht schmecken Zwiebeln leicht süßlich, eine Geschmacksrichtung, die Kinder von klein auf bevorzugen.

–TIPP–

Etwa 5 frische Tomaten entsprechen einer Dose stückige Tomaten mit 400 g Inhalt.

Basilikum ist ein Tausendsassa! Denn er passt gut zu mediterran, asiatisch und auch mitteleuropäisch angehauchten Rezepten.

BROKKOLI

Frischer Brokkoli hält sich zugegebenermaßen nur ein paar Tage im Kühlschrank – aber es gibt ihn in jedem Supermarkt tiefgefroren zu kaufen. Brokkoli ist eine der wenigen Kohlarten, die Kinder meist gerne essen.

PAPRIKA

Die Vitamin-C-Bomben in Rot, Gelb und Grün schrumpeln, trocken und kühl gelagert, gar nicht so schnell vor sich hin. Kühlschrankkälte mögen sie allerdings nicht. Ihr Vorteil ist, dass sie roh und gekocht schmecken.

ZWIEBELN

In einem Tontopf oder Körbchen aufbewahrt, bleiben sie mehrere Wochen einsatzfähig. Sie sind in meinem Basisvorrat gelandet, weil sie Suppen, Saucen, Salaten und Dips eine tolle Würznote verleihen, wenn ansonsten nur Salz und Pfeffer zur Verfügung stehen.

TOMATEN

Im Sommer dürfen es gerne frische Tomaten sein. Vielleicht haben Sie ja sogar ein paar Pflanzen auf dem Balkon oder der Terrasse, dann ist der Vorrat gesichert. Im Winter greifen Sie zu stückigen Tomaten oder Kirschtomaten aus der Dose – sie enthalten keine Zusatzstoffe und müssen auch nicht geschnippelt werden.

ÄPFEL

Wenn ein Obst für den Vorrat geeignet ist, dann der Apfel. Entsprechende Lagersorten bleiben luftig und kühl aufbewahrt, z. B. in einer Holzkiste im Keller, monatelang knackig. Und: Sie können nicht nur süß! Auch in Salaten oder Geschnetzeltem kommt ihre süß-säuerliche Art gut an.

BASILIKUM IM TOPF

Zarte Kräuter sind empfindlich und machen im Bund schnell schlapp. Doch in der TK-Variante sind sie eher geschmacklos. Darum greife ich gern zum Vorrat im Topf. Für die Rezepte in diesem Buch habe ich mich für Basilikum entschieden.

–TIPP–

Wer die Schnitzel auf Vorrat kauft, nebeneinander in einen Gefrierbeutel legt und tiefkühlt, muss nicht lange warten, bis sie bei Bedarf aufgetaut sind.

FISCH

Bevorzugen Sie nachhaltig gefangenen Fisch, bei dem darauf geachtet wird, Arten nicht zu überfischen und Beifang zu vermeiden.

–TIPP–

Wer auf künstliche Zusatzstoffe lieber verzichtet, der wählt ein Salz, das keine Rieselhilfen enthält. Toll ist auch grobes Salz oder Pfeffer für die Mühle.

MINUTENSCHNITZEL

Die dünnen Schnitzel sind ratzfatz fertig, ohne zäh zu werden. Wer lieber Rind und Geflügel statt Schwein isst, kann in den Rezepten nach Lust und Laune variieren.

FISCH

Sie haben einen Supermarkt mit Frischfischtheke um die Ecke? Dann können Sie sich auf die Schnelle gerne dort eindecken. Ansonsten sind Fischfiletstücke aus der Kühltruhe perfekt für den Vorrat. TK-Filetstücke am besten über Nacht im Kühlschrank auftauen lassen.

TK-GEMÜSE(-MISCHUNG)

Wer gesund und ausgewogen kochen möchte, der investiert meist viel Zeit ins Gemüseschnippeln. Hier empfehle ich TK-Gemüse oder -Mischungen: Egal ob Königs-, Suppen- oder Wokgemüse, es gibt sie auch ohne künstliche Zusatzstoffe und Gewürze und sie versorgen Ihre Familie mit vielen Vitaminen dank erntefrischem Einfrieren.

ESSIG

Auf jeden Fall sollten Sie immer eine Flasche Weißweinessig im Haus haben. Der ist farblich neutral und passt auch geschmacklich zu allem. Wer ab und zu noch eine süßlich-fruchtige Variante schätzt, der legt sich zusätzlich Aceto balsamico zu.

ÖL

Als Universalöl ist Rapsöl perfekt. Es eignet sich zum Braten, aber auch zum Anrühren von Salatsaucen. Obendrein ist seine Fettsäurenzusammensetzung sehr gesund. Aber auch Olivenöl kann auf bis zu 200 °C erhitzt werden und ist kalt ebenso ein Genuss.

SALZ, PFEFFER UND ZUCKER

Welche Sorte Sie bevorzugen, bleibt Ihnen überlassen. Zucker wird in Elternkreisen gern verteufelt. Und es stimmt: Wer zu viel Zucker isst, schadet seiner Gesundheit. Daher Zucker am besten wie ein Gewürz verwenden.

Stressfreie FAMILIENKÜCHE

PLANUNG ENTLASTET

Nehmen Sie sich jede Woche 15 Minuten Zeit, einen Wochenspeiseplan plus passende Einkaufsliste zu erstellen. Wenn Sie tatsächlich mit einem Einkauf in der Woche über die Runden kommen wollen, dann planen Sie für die ersten drei bis vier Tage Gerichte mit frischen Zutaten und in den restlichen drei bis vier Tagen greifen Sie dann auf Vorratsrezepte zurück. Einkaufen ist ein Zeitfresser. Besonders, wenn man gefühlt sowieso schon zu wenig davon hat. Wenn alle Zutaten im Haus sind und klar ist, was auf den Tisch soll, ist das unheimlich entlastend.

HAMSTERN, NEIN! – KLEINER VORRAT, JA!

Nudeln, Dosentomaten, Reis, Zucker, Mehl ... alles, was sich lang hält, kann auch in drei- oder vierfacher Menge im Vorratsregal stehen. Ist die letzte Packung angebrochen, kommt die Zutat wieder auf den Einkaufszettel.

SAISONAL UND REGIONAL

Wer seinen Obst- und Gemüseeinkauf am regionalen und saisonalen Angebot orientiert, der spart viel Zeit, Geld und schlechtes Gewissen. Sie müssen nicht in fünf Geschäfte gehen, um Erdbeeren im Dezember zu ergattern. Außerdem sind regionale und saisonale Lebensmittel in der Regel günstiger und mit dem Kauf unterstützen Sie eine nachhaltige Konsumform, die die Umwelt schont.

DAS SCHMECKT MIR NICHT!

DAS SCHMECKT MIR NICHT!

Es gibt immer mal Gerichte, die Kinder nicht mögen. Kein Problem, dann gibt es eben einen Joghurt oder ein Brot. Gewöhnen Sie sich ab, schon im Vorhinein Extragerichte für die Kinder zu kochen. Denn sie greifen immer zum Altbekannten und Beliebten, wenn sie die Wahl haben. Steht jedoch nur ein Gericht auf dem Tisch, sind sie eher bereit zu probieren. Wollen meine Kinder etwas nicht probieren, weil es ihrer Meinung nach eklig aussieht, ist mein Todschlagargument immer: „Dann dürft ihr niemals Schokocreme probieren. Denn die sieht aus wie etwas, das ihr niemals essen würdet ..." – das klappt meistens. Und wenn nicht, Contenance bewahren. Sollte das Essen nach dem Probieren tatsächlich nicht schmecken, auch in Ordnung. Nur nicht aufgeben: Kinder sind von Haus aus neugierig und wenn man ihnen Abwechslung anbietet, nehmen sie die auch gerne an. Da sollten Sie einfach ein bisschen Geduld haben, sich nicht aus der Ruhe bringen lassen und Nudeln-mit-Nix- oder Straßenkreide-Essphasen (kein Scherz! Das ist bei meiner kleinen Tochter tatsächlich vorgekommen. Siehe Sprechblase!) einfach aussitzen.

KLEINE ANEKDOTE AM RANDE ...

Meine Tochter Franca ist tatsächlich im Alter von ein bis zwei Jahren nach jedem Essen aufgestanden, ohne etwas zu essen. Ist raus in den Garten gegangen und hat sich von Sand, Erde, Zementbrocken und ganz bevorzugt Straßenkreide ernährt – ach ja, und Milch hat sie getrunken. Das war ganz schön verrückt, aber auch wir haben die Kreidezeit überwunden und jetzt ein Kind, das doch recht abwechslungsreich und gerne mit uns am Tisch isst.

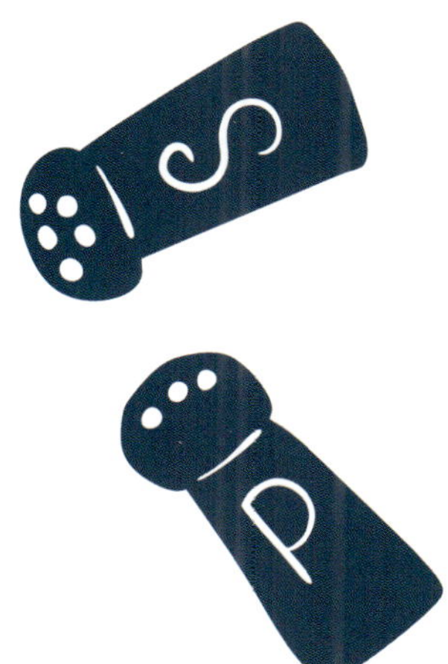

WISSENSWERTES

zu den Rezepten

ESSEN IST FERTIG!

Mein Ziel war es, dass Sie nicht länger als 30 Minuten mit der Zubereitung des Essens beschäftigt sind. Bei vielen Rezepten im Buch steht das Gericht auch nach spätestens 30 Minuten auf dem Tisch. Mit Ausnahme der Rezepte, die im Ofen zubereitet werden. Sie sind innerhalb von 30 Minuten im Backofen und dann gilt es nur noch die Backzeit abzuwarten. Aber auch die kann man sinnvoll nutzen: die Hausaufgaben der Kinder kontrollieren, das Tages-Chaos beseitigen oder die Kinder schon mal duschen und bis auf das Zähneputzen bettfertig machen. Dann sind To-dos, die sonst oft nach dem Essen noch anstünden, auch schon erledigt – und Sie können den Feierabend mit einem gemütlichen Essen einläuten.

ZEIT IST RELATIV

Aber bitte nageln Sie mich nicht auf exakt 30 Minuten fest. Denn da spielen auch ein paar äußere Faktoren mit rein, die ich nicht beeinflussen kann:

- Jeder arbeitet unterschiedlich schnell.
- Ich koche auf einem Induktionsherd. Nudelwasser & Co. erreichen so schneller den Siedepunkt als auf einem normalen Elektroherd. Wer also Letzteren hat, sollte das Kochwasser für Kartoffeln oder Pasta immer zu allererst aufsetzen. Oder aber im Wasserkocher schon mal eine große Portion Wasser aufkochen, in den Topf geben und so den Vorlauf etwas abkürzen.

- Wer eine richtig große Pfanne hat, der brät Gemüsepuffer (s. S. 114) und Reiche Ritter (s. S. 82) schneller als mit einer kleinen Pfanne, weil es weniger Durchgänge braucht, bis alles fertig ist. Doch das Gute bei den Gerichten ist: Sobald die erste Fuhre fertig ist, kann zumindest ein Teil der Familie, wenn's sehr dringend ist, schon mit dem Essen loslegen.
- Große Zutat, kleine Würfel: Große Kartoffeln, Äpfel oder Zwiebeln bedeuten wesentlich weniger Zeitaufwand beim Schälen und Putzen. Wer sie dann noch in kleine Würfel schneidet – da kommt es natürlich auch auf das Rezept an – spart anschließend Garzeit.

BESCHLEUNIGER

Nützliche Helfer in der schnellen Familienküche sind auf jeden Fall ein Blitzhacker oder eine Küchenmaschine, die das Raspeln von Gemüse zeitlich enorm abkürzen. Wer ein paar Minuten mehr Zeit hat, der darf natürlich gerne von Hand und mit dem Gemüsehobel arbeiten. Übrigens eine tolle Tätigkeit, um Ärger, der sich vielleicht tagsüber aufgestaut hat, kraftvoll abzubauen.

Nice to have: Ich persönlich halte einen Fleischwolf ja auch für eine nachhaltige Lebensanschaffung. Damit werden Schnitzel im Handumdrehen zu Hackfleisch, wenn es statt Fleisch am Stück doch spontan die Bolognese sein soll. Und Gemüsekasper finden garantiert nix „Igitt-Gesundes" mehr in der Sauce, wenn Sie Möhren, Zwiebel & Co. vorher durch den Fleischwolf drehen.

PORTIONSANGABEN

Die Mengen in den Rezepten sind für zwei große und zwei kleine Esser ausgelegt. Wer zwei pubertierende Halbstarke verpflegen muss, der sollte bei den Mengenangaben für Fleisch, Fisch, Gemüse, Nudeln und Reis ruhig aufstocken, eventuell sogar verdoppeln.

NUDELSALAT

mit Brokkoli und Ei

20 MIN.

ZUTATEN

FÜR DEN SALAT

- 250 g Nudeln (am besten kurze)
- Salz
- 400 g (TK-)Brokkoli
- 4 Eier
- 100 g Käse

FÜR DAS DRESSING

- 2 EL Essig
- ½ TL Zucker
- Salz, Pfeffer
- 6 EL Öl

UND SO GEHT'S

Die Nudeln in reichlich kochendem Salzwasser nach Packungsanweisung bissfest garen. Frischen Brokkoli waschen, putzen und in Röschen teilen, den Stiel schälen und würfeln. (TK-)Brokkoli 5 Minuten vor Ende der Nudelgarzeit zu den Nudeln in den Topf geben.

Währenddessen die Eier in kochendes Wasser geben und in 10 Minuten hart kochen. Den Käse würfeln oder, nach Belieben, kleine Käsesterne ausstechen. Für das Dressing Essig, Zucker, je 1 Prise Salz und Pfeffer sowie das Öl in einer Salatschüssel verquirlen.

Nudeln und Brokkoli in ein Sieb abgießen, dabei das Nudelkochwasser auffangen. Kalt abschrecken und abtropfen lassen. Die Eier abgießen, kalt abschrecken, schälen und in Scheiben schneiden. Nudeln, Brokkoli, Eier und Käse mit dem Dressing in der Salatschüssel vermengen. So viel Nudelkochwasser zugeben, bis der Nudelsalat die richtige Konsistenz hat. Mit Salz und Pfeffer abschmecken und, nach Belieben, noch etwas durchziehen lassen.

–TIPP–

Der Salat lässt sich auch wunderbar morgens vorbereiten und abends erst essen. Dann einfach noch mal mit Salz und Pfeffer abschmecken und bei Bedarf noch etwas Wasser dazugeben, falls die Nudeln das Dressing zu sehr aufgesaugt haben.

South
America

BROTSALAT MIT TOMATEN

20 MIN.

ZUTATEN

FÜR DEN SALAT

- 300 g Brot (am besten Weißbrot)
- 2 EL Öl
- 6 Tomaten
- 1 Zwiebel
- 5 Stängel Basilikum (gerne auch mehr)

FÜR DAS DRESSING

- 2 EL Essig
- 4 EL Öl
- Salz, Pfeffer
- ½ TL Zucker (nach Belieben)

UND SO GEHT'S

Das Brot in 2 cm große Würfel schneiden. Das Öl in einer beschichteten Pfanne erhitzen und die Brotwürfel darin bei mittlerer bis hoher Hitze rundum knusprig und goldbraun anrösten. Dann in eine Schüssel geben.

Inzwischen die Tomaten waschen, halbieren, von den Stielansätzen befreien und in Würfel schneiden. Die Zwiebel schälen und fein hacken. Das Basilikum waschen, trocken schütteln und die Blättchen in Streifen schneiden.

Für das Dressing Essig, 50 ml Wasser und Öl in einer Tasse verquirlen, mit Salz, Pfeffer und Zucker abschmecken. Tomaten, Zwiebel, Basilikum und Dressing unter die Brotwürfel mischen und den Salat ein paar Minuten durchziehen lassen. Ist er zu trocken, etwas Wasser oder Öl untermischen.

KÄSE-EIER-SALAT

20 MIN.

ZUTATEN

FÜR DEN SALAT

- 4 Eier
- 200 g Käse
- 1 Paprika
- 1 kleine Zwiebel

FÜR DAS DRESSING

- je 2 EL Öl und Essig
- 50 g Sahne
- Salz, Pfeffer
- ½ TL Zucker (nach Belieben)

UND SO GEHT'S

Die Eier in kochendes Wasser geben und in 10 Minuten hart kochen. Inzwischen den Käse in 1 cm große Würfel schneiden. Die Paprika halbieren, putzen, waschen und in 1 cm große Würfel schneiden. Die Zwiebel schälen und fein hacken.

Für das Dressing Öl, Essig und Sahne in einer Schüssel verquirlen und mit Salz, Pfeffer und Zucker abschmecken. Die Eier kalt abschrecken, schälen und würfeln.

Eier, Käse, Paprika und Zwiebel zum Dressing in die Schüssel geben, gut durchmischen und den Salat noch ein paar Minuten durchziehen lassen. Dazu schmeckt Brot.

VARIANTE

Paprikapulver oder ein Löffelchen Senf verfeinern das Dressing zusätzlich. Wer noch Frühlingszwiebeln oder Schnittlauch im Haus hat, kann die Zwiebel dadurch ersetzen. So wird der Salat etwas milder, aber nicht weniger aromatisch.

SCHNITZEL-PAPRIKA-SALAT

mit Reis

25 MIN.

ZUTATEN

- 200 g Langkornreis (z. B. Basmati-, Naturreis)
- Salz
- 2 Paprika
- 1 kleine Zwiebel (nach Belieben)
- 4 Minutenschnitzel (à ca. 60 g)
- 6 EL Öl
- Pfeffer
- 3 EL Essig

UND SO GEHT'S

Den Reis nach Packungsanweisung in kochendem Salzwasser garen, dann in ein Sieb abgießen, kalt abschrecken und abtropfen lassen.

In der Zwischenzeit die Paprika halbieren, putzen, waschen und in kleine Würfel schneiden. Die Zwiebel schälen und ebenfalls würfeln. Die Schnitzel trocken tupfen und quer in Streifen schneiden.

2 EL Öl in einer beschichteten Pfanne erhitzen und die Schnitzelstreifen bei hoher Hitze in 2 Minuten scharf anbraten, salzen und pfeffern und zusammen mit den Zwiebel- und Paprikawürfeln in eine Salatschüssel geben.

Den Bratensatz mit 5 EL Wasser ablöschen. Essig, restliches Öl (4 EL), Salz und Pfeffer dazugeben und verrühren. Das Dressing mit dem Reis in die Schüssel zur Fleisch-Gemüse-Mischung geben und gut durchmischen. Den Salat ein paar Minuten durchziehen lassen, nochmals mit Salz und Pfeffer abschmecken und losgabeln.

–TIPP–

Noch schneller geht der Salat, wenn der Reis schon vorgekocht ist. Bei Zutaten mit relativ langen Kochzeiten wie Kartoffeln oder Reis lohnt es sich, immer gleich die doppelte oder dreifache Menge zu garen. Das, was dann übrig bleibt, kommt luftdicht verschlossen in den Kühlschrank und wird in den nächsten Tagen zum Beispiel zu einem Salat oder, nochmals erwärmt, zur Blitzbeilage.

–VARIANTE–

Frische Kräuter an Bord? Dann rein damit in den Salat: Petersilie und Schnittlauch, aber auch Thymian oder Oregano passen gut dazu. Ein Löffel Ajvar oder Tomatenmark verfeinern das Dressing. Statt Schnitzelstreifen schmeckt auch 1 Dose Thunfisch (140 g Abtropfgewicht) im Salat.

KARTOFFELSALAT

mit Pesto

30 MIN.

ZUTATEN

- 800 g Pellkartoffeln (gerne vom Vortag)
- 4 Tomaten
- 20 g Käse (z. B. Parmesan, Pecorino)
- 1 Topf Basilikum
- 2 EL Nusskerne
- 6 EL Öl
- 3 EL Essig
- Salz, Pfeffer

UND SO GEHT'S

Die Kartoffeln pellen und in dünne Scheiben schneiden. Die Tomaten waschen, halbieren, von den Stielansätzen befreien und würfeln. Den Käse fein reiben. Die Basilikumblätter von den Stielen zupfen, waschen und trocken tupfen. Die Nüsse nach Belieben in einer Pfanne ohne Fett bei mittlerer Hitze unter Rühren anrösten.

Basilikum, Käse, Nüsse und Öl in einen hohen Rührbecher geben und mit dem Stabmixer fein pürieren. Ist das Pesto zu zäh, etwas Wasser dazugeben.

In einer Salatschüssel Kartoffelscheiben, Tomatenwürfel, 5 EL Wasser und Essig mischen. Den Salat mit Salz und Pfeffer würzen und ein paar Minuten ziehen lassen. Das Pesto untermischen und bei Bedarf so viel Wasser dazugeben, bis der Salat die richtige Konsistenz hat. Nochmals mit Salz und Pfeffer abschmecken und genießen.

–TIPP–

Der Salat schmeckt auch als Beilage zu kurzgebratenem Fleisch, Frikadellen, paniertem oder gebratenem Fisch. Wer ein paar Minuten mehr Zeit hat, kann die Kartoffeln auch frisch kochen und den Salat dann lauwarm servieren. Während die Kartoffeln kochen, kann der Rest vorbereitet werden.

–VARIANTE–

Noch etwas Mozzarella im Kühlschrank? Wunderbar, der passt nämlich auch sehr gut in den Salat. Genauso wie Thunfisch aus der Dose oder Frühlingszwiebeln. Wer ein Glas getrocknete Tomaten daheim hat, kann statt Basilikumpesto auch ein Tomatenpesto herstellen.

ASIA-NUDELSALAT
mit Schnitzelstreifen

20 MIN.

ZUTATEN

- 200 g Asia-Nudeln (z. B. Mie- oder Glasnudeln; alternativ Spaghetti)
- 6 Minutenschnitzel (à ca. 60 g)
- 6 EL Öl
- Salz, Pfeffer
- 750 g TK-Asia-Gemüsemischung
- 1–2 TL Currypulver
- 3 EL Essig

UND SO GEHT'S

Die Nudeln nach Packungsanweisung garen. Anschließend in ein Sieb abgießen, kalt abschrecken und bei Bedarf kleiner schneiden.

Inzwischen die Schnitzel trocken tupfen und quer in dünne Streifen schneiden. 1 EL Öl in einer Pfanne erhitzen und die Schnitzelstreifen darin bei hoher Hitze in ca. 2 Minuten scharf anbraten. Aus der Pfanne in eine Salatschüssel heben, salzen und pfeffern. Die Nudeln zu den Schnitzelstreifen in die Schüssel geben.

1 EL Öl in die Pfanne geben und die Gemüsemischung darin bei hoher Hitze in 6–8 Minuten auftauen und anbraten. Mit Salz, Pfeffer und Currypulver würzen und zusammen mit dem Essig und dem restlichen Öl (4 EL) zu den übrigen Zutaten in die Schüssel geben. Den Salat gründlich mischen und nochmals mit Salz, Pfeffer und Currypulver abschmecken. Lauwarm genießen.

–VARIANTE–

Alles, was den Salat noch asiatischer macht, darf auch mit in die Schüssel: zum Beispiel Koriandergrün, geröstetes Sesamöl und Sojasauce statt Öl, Currypulver und Essig, Sesam, gehackte Erdnusskerne oder Cashewkerne, Ingwer, Sprossen … nehmen Sie was da ist und allen schmeckt. Gebratene Garnelen oder Tofuwürfel können das Fleisch ersetzen.

KARTOFFELSUPPE MIT KÄSEBROT

15 MIN.
+15 MIN. BACKEN

ZUTATEN

- 1 Zwiebel
- 750 g Kartoffeln
- 1 EL Öl
- Salz
- 8 Scheiben Brot
- 150 g Käse
- Pfeffer

UND SO GEHT'S

Backofen auf 200 °C (Ober-/Unterhitze) vorheizen und ein Backblech mit Backpapier belegen. Die Zwiebel schälen und würfeln. Die Kartoffeln schälen, waschen und würfeln.

Das Öl in einem Topf erhitzen. Kartoffeln und Zwiebel darin 2 Minuten anbraten. 1 l Wasser angießen, zum Kochen bringen, salzen und die Kartoffeln bei mittlerer Hitze in ca. 15 Minuten zugedeckt garen.

Die Brote auf das mit Backpapier belegte Blech legen. Den Käse reiben und auf die Brote streuen. Die Brote im heißen Ofen (Mitte) 10–15 Minuten überbacken, bis der Käse geschmolzen ist.

Die Suppe mit dem Stabmixer pürieren, mit Salz und Pfeffer abschmecken und zusammen mit den Broten genießen.

BROKKOLICREMESUPPE

25 MIN.

ZUTATEN

- 700 g (TK-)Brokkoli
- 1 Zwiebel
- 1 EL Öl
- Salz
- 100 g Sahne
- Pfeffer

UND SO GEHT'S

Frischen Brokkoli waschen, putzen und in Röschen teilen, den Stiel schälen und würfeln. Die Zwiebel schälen und ebenfalls würfeln.

Das Öl in einem Topf erhitzen. Zwiebel und (TK-)Brokkoli darin 2 Minuten andünsten. 1,2 l Wasser dazugeben, aufkochen, salzen und das Gemüse in ca. 10 Minuten zugedeckt bei mittlerer Hitze garen. Die Sahne dazugeben.
Die Suppe mit dem Stabmixer pürieren und mit Salz und Pfeffer abschmecken. Dazu schmeckt Brot.

MEDITERRANER
Fischeintopf

20 MIN.

ZUTATEN

- 1 Zwiebel
- 1 Paprika
- 400 g aufgetautes TK-Fischfilet
- 1 EL Öl
- 400 g TK-Blattspinat
- 1 Dose stückige Tomaten (400 g Füllgewicht)
- Salz, Pfeffer

UND SO GEHT'S

Die Zwiebel schälen und fein hacken. Paprika vierteln, putzen, waschen und quer in dünne Streifen schneiden. Das Fischfilet kalt abspülen, trocken tupfen und in ca. 3 cm große Würfel schneiden.

Das Öl in einem großen Topf erhitzen. Zwiebel, Paprika und TK-Blattspinat darin 2 Minuten anbraten. Dann die Tomaten und 1 l Wasser dazugeben. Die Suppe salzen und pfeffern, aufkochen und zugedeckt bei mittlerer Hitze 5 Minuten köcheln lassen.

Die Fischstücke salzen und pfeffern, in die Suppe einlegen und darin ca. 6 Minuten gar ziehen lassen. Die Suppe sollte jetzt nicht mehr kochen. Den Eintopf nochmals mit Salz und Pfeffer abschmecken und loslöffeln.

–VARIANTE–

Mediterrane Kräuter wie Thymian, Rosmarin oder Kräuter der Provence sorgen für noch mehr Mittelmeerfeeling im Suppenteller. Den Spinat können Sie auch durch eine mediterrane Gemüsemischung ersetzen. Greifen Sie dann aber zu einer Mischung, die keine Gewürze und Zusatzstoffe enthält. Auch in kleine Würfel geschnittene Kartoffeln ersetzen den Spinat. Geröstete Brotscheiben, mit Knoblauch eingerieben und Olivenöl beträufelt, ergänzen die Suppe perfekt.

BUNTE MINESTRONE

25 MIN.

ZUTATEN

- 1 Zwiebel
- 3 Tomaten (alternativ 1 Dose stückige Tomaten, 400 g Füllgewicht)
- 5 EL Öl
- 700 g TK-Gemüsemischung (alternativ 400 g TK-Brokkoli und 2 Paprika)
- Salz, Pfeffer
- 50 g kleine Nudeln (z. B. Suppennudeln, Kritharaki)
- 4 Stängel Basilikum
- 40 g Käse (z. B. Parmesan, Pecorino)

UND SO GEHT'S

Die Zwiebel schälen und fein hacken. Die Tomaten waschen, halbieren, von den Stielansätzen befreien und in feine Würfel schneiden. 2 EL Öl in einem Topf erhitzen. Zwiebel und TK-Gemüse darin 3 Minuten anbraten. Die Tomaten dazugeben und 2 Minuten mitbraten. 1,5 l Wasser angießen, salzen und pfeffern und zum Kochen bringen. Sobald die Suppe kocht, die Nudeln dazugeben und in ca. 10 Minuten garen.

Inzwischen das Basilikum waschen, trocken schütteln und in Streifen schneiden. Basilikum und restliches Öl (3 EL) verrühren und mit Salz und Pfeffer würzen. Den Käse fein reiben.

Die Minestrone nochmals mit Salz und Pfeffer abschmecken, auf Teller verteilen, mit Basilikumöl beträufelt und mit Käse bestreut, servieren.

TOMATENSUPPE MIT KÄSECRACKERN

20 MIN.

ZUTATEN

- 1 Zwiebel
- 60 g Käse (z. B. Parmesan)
- 4 Stängel Basilikum
- 2 EL Olivenöl
- 1 große Dose stückige Tomaten (800 g Füllgewicht; alternativ 8–10 frische Tomaten)
- Salz, Pfeffer

UND SO GEHT'S

Den Backofen auf 180 °C (Ober-/Unterhitze) vorheizen und ein Backblech mit Backpapier belegen. Die Zwiebel schälen und fein hacken. Den Käse fein reiben. Basilikum waschen, trocken schütteln und die Blättchen in feine Streifen schneiden.

Das Öl in einem Topf erhitzen und die Zwiebel darin glasig dünsten. Tomaten und 400 ml Wasser dazugeben, salzen und zum Kochen bringen, dann zugedeckt bei mittlerer Hitze 10 Minuten köcheln lassen. Inzwischen den Käse als Häufchen auf dem Backblech verteilen. Im heißen Ofen (Mitte) in ca. 8 Minuten schmelzen und leicht bräunen, dann aus dem Ofen nehmen und abkühlen lassen. Die Suppe mit dem Stabmixer pürieren und mit Salz und Pfeffer abschmecken. Auf Teller verteilen, mit Basilikum bestreuen und mit Käsecrackern genießen.

–VARIANTE–

Wer die Suppe cremiger mag, der gibt jeweils noch einen kleinen Schuss Sahne auf die Suppe und kann, nach Belieben für ein schönes Muster, diese mit der Gabel noch dekorativ verziehen. Ihre Kinder werden Sie dafür lieben. Statt Käsecracker passen auch geröstete Brotwürfel als Sattmachereinlage in die Suppe. Oder Sie stellen einfach einen Korb mit Brot zur Suppe auf den Tisch.

GEMÜSESUPPE

mit Flädle

25 MIN.

ZUTATEN

- 2 Eier
- 100 g Mehl
- Salz
- 5 EL Sahne
- 1 Zwiebel
- 4 EL Öl
- 500 g TK-Gemüse-mischung
- Pfeffer

UND SO GEHT'S

Eier, Mehl, 1 TL Salz und Sahne in einer Rührschüssel mit den Rührbesen des Handrührgeräts verrühren. Nach und nach 200 ml Wasser dazugeben, bis ein klümpchenfreier Teig entstanden ist. Dann beiseitestellen.

Die Zwiebel schälen und fein hacken. 1 EL Öl in einem Topf erhitzen. Zwiebel und TK-Gemüse darin 2 Minuten anbraten. 1,2 l Wasser dazugeben, aufkochen, salzen und 10 Minuten bei mittlerer Hitze zugedeckt köcheln lassen.

Inzwischen etwas Öl in einer beschichteten Pfanne erhitzen. Eine Schöpfkelle Teig hineingeben und durch Schwenken am Pfannenboden verteilen. Den Teig bei mittlerer bis hoher Hitze backen, bis die Oberfläche gestockt und die Unterseite leicht gebräunt ist. Den Pfannkuchen wenden und auf der anderen Seite ebenfalls goldbraun backen, dann aus der Pfanne heben. Aus dem restlichen Öl und Teig drei weitere Pfannkuchen backen. Die Pfannkuchen anschließend aufrollen und quer in Streifen schneiden.

Die Gemüsesuppe mit Salz und Pfeffer abschmecken. Die Flädle auf die Suppenteller verteilen und mit der Gemüsesuppe übergießen.

–TIPP–

Frische Petersilie oder auch Schnittlauchröllchen machen sich noch toll in der Suppe – entweder als Beigabe im Teig oder im Suppentopf. Beim Gemüse können Sie nehmen, was Ihrer Familie schmeckt.

CLUB-SANDWICH

mit Curry und Apfel

25 MIN.

ZUTATEN

- 12 dünne Scheiben Brot (z. B. Toast- oder Sandwichbrot)
- 5 Stängel Basilikum
- 1 Apfel
- 150 g Quark
- 1 TL Currypulver
- Salz, Pfeffer
- 8 Minutenschnitzel (à ca. 60 g)
- 2 EL Öl
- 8 Zahnstocher (nach Belieben)

UND SO GEHT'S

Die Brotscheiben toasten. Inzwischen das Basilikum waschen, trocken schütteln und die Blättchen abzupfen. Den Apfel waschen, vierteln, das Kerngehäuse entfernen und die Apfelviertel längs in dünne Scheiben schneiden.

Quark, Currypulver, je 1 Prise Salz und Pfeffer in einer kleinen Schüssel verrühren.

Die Schnitzel trocken tupfen. Das Öl in einer großen Pfanne erhitzen und die Schnitzel darin auf jeder Seite kurz scharf anbraten, dann salzen, pfeffern und nach Belieben quer halbieren.

8 Brotscheiben mit Curryquark bestreichen, 4 davon mit den Schnitzeln belegen, darauf die restlichen 4 Brotscheiben mit der bestrichenen Seite nach oben auflegen. Die Apfelscheiben auf den Brotscheiben verteilen, mit Basilikumblättern belegen und die restlichen 4 Brotscheiben auflegen. Die Sandwiches diagonal halbieren, mit Zahnstochern fixieren und herzhaft reinbeißen.

–VARIANTE–

Statt Apfel schmeckt auch Mango, Pfirsich oder Papaya als fruchtiger Belag auf dem Sandwich. Auch ein paar Rucola- oder andere Salatblättchen machen sich noch gut, wenn man die gerade im Kühlschrank liegen hat.

ÜBERBACKENE SCHNITZEL

mit Tomatennudeln

30 MIN.

ZUTATEN

- 1 Zwiebel
- 2 EL Öl
- 200 g TK-Blattspinat
- 8 Minutenschnitzel (à ca. 60 g)
- Salz, Pfeffer
- 50 g Käse
- 400 g Nudeln (nach Belieben)
- 1 große Dose stückige Tomaten (800 g Füllgewicht; alternativ 8–10 klein gewürfelte frische Tomaten)

AUSSERDEM

- Auflaufform (ca. 25 × 30 cm)

UND SO GEHT'S

Den Backofen auf 200 °C (Ober-/Unterhitze) vorheizen. Die Zwiebel schälen und fein würfeln. 1 EL Öl in einer Pfanne erhitzen und die Hälfte der Zwiebelwürfel darin glasig dünsten. Den Spinat dazugeben und bei hoher Hitze in etwa 5 Minuten auftauen lassen. Es sollte keine Flüssigkeit mehr in der Pfanne sein.

Die Schnitzel trocken tupfen, salzen und pfeffern und in die Auflaufform legen. Den Käse reiben. Den Spinat mit Salz und Pfeffer abschmecken und auf den Schnitzeln verteilen. Den Käse darüber streuen und die Schnitzel im heißen Backofen (Mitte) in 15–20 Minuten überbacken.

Inzwischen das restliche Öl (1 EL) in einem Topf erhitzen und die restliche Zwiebel darin 1 Minute anbraten. Nudeln, Tomaten und 400 ml Wasser dazugeben, aufkochen und bei mittlerer Hitze offen etwa 15 Minuten kochen lassen, bis die Nudeln al dente sind. Die Pasta mit Salz und Pfeffer abschmecken.

Die Schnitzel mit den Tomatennudeln auf 4 Tellern anrichten und genießen.

–VARIANTE–

Spinat ist bääääääh? Dann können Sie die Schnitzel auch nur mit Käse überbacken oder statt Spinat geraspelte Zucchini nehmen.

RAHMGESCHNETZELTES
mit Reis

25 MIN.

ZUTATEN

- 2 EL Öl
- 300 g Langkornreis (z. B. Basmati-, Naturreis)
- Salz
- 1 Zwiebel
- 8 Minutenschnitzel (à ca. 60 g)
- Pfeffer
- 1 TL Mehl
- 250 g Sahne

UND SO GEHT'S

1 EL Öl in einem Topf erhitzen und den Reis darin 2 Minuten anbraten. 450 ml Wasser dazugeben, aufkochen, salzen und den Reis zugedeckt bei schwacher bis mittlerer Hitze 10 Minuten köcheln lassen, dann bei sehr niedriger Hitze noch 10 Minuten ausquellen lassen.

Inzwischen die Zwiebel schälen und klein würfeln. Die Schnitzel trocken tupfen und quer in Streifen schneiden. Das restliche Öl (1 EL) in einer Pfanne erhitzen und die Schnitzelstreifen darin bei hoher Hitze anbraten, salzen, pfeffern, dann aus der Pfanne heben und beiseitestellen.

Die Zwiebel ins Bratfett geben und darin glasig dünsten. Zwiebelwürfel mit Mehl bestäuben und kurz weiterbraten. Sahne und 150 ml Wasser angießen, die Sauce aufkochen und 10 Minuten bei schwacher bis mittlerer Hitze köcheln lassen. Die Fleischstreifen samt Bratensaft, der sich gesammelt hat, in die Sauce geben und erhitzen.

Das Geschnetzelte mit Salz und Pfeffer abschmecken. Den Reis mit einer Gabel auflockern, auf 4 Teller verteilen und das Geschnetzelte daneben anrichten.

–TIPP–

Toll dazu schmeckt ein knackiger Blattsalat oder auch Buttergemüse. Die Gemüsemischung Ihrer Wahl parallel in etwas Butter und Wasser oder Brühe bissfest dünsten und mit Salz und Pfeffer abschmecken. Fertig!

KÄSERISOTTO
mit Schnitzel

30 MIN.

ZUTATEN

- 1 Zwiebel
- Salz
- 3 EL Öl
- 400 g Rundkornreis (z. B. Risotto- oder Milchreis)
- 80 g Käse (z. B. Parmesan)
- 4 Minutenschnitzel (à ca. 60 g)
- 5 Stängel Basilikum
- 50 g Sahne
- Pfeffer

UND SO GEHT'S

Die Zwiebel schälen und fein hacken. 950 ml Wasser mit 1 TL Salz erhitzen. 2 EL Öl in einem Topf erhitzen und die Zwiebel darin andünsten. Den Risottoreis einrühren und kurz mitdünsten. Etwa 150 ml heißes Salzwasser zum Reis geben und bei niedriger bis mittlerer Hitze unter Rühren reduzieren. Nach und nach immer wieder eine Schöpfkelle voll Salzwasser zum Reis geben und unter Rühren einkochen lassen. Solange fortfahren, bis der Reis gar ist, aber noch leichten Biss hat.

Inzwischen den Käse reiben. Die Schnitzel trocken tupfen und quer halbieren. Basilikum waschen, trocken schütteln, die Blättchen abzupfen und in feine Streifen schneiden.

Die Hälfte des Käses und die Sahne unter das Risotto mischen, den Deckel auflegen und den Käse schmelzen lassen. Inzwischen das restliche Öl (1 EL) in einer Pfanne erhitzen und die Schnitzel darin ca. 1 Minute auf jeder Seite bei hoher Hitze anbraten, dann salzen und pfeffern.

Das Risotto kräftig mit Salz und Pfeffer abschmecken, zusammen mit den Schnitzeln anrichten und, mit restlichem Käse und Basilikum bestreut, genießen.

–TIPP–

Zum Risotto passt auch noch jede Art von gebratenem Gemüse: Pilze, Spargel, Zucchini oder Kürbis (im Herbst) sind eine farbenfrohe, vitaminreiche und aromatische Ergänzung. Klassischerweise wird Risotto mit Brühe zubereitet – wer dementsprechend Fond oder Brühe im Haus hat, darf das Wasser im Rezept gerne in gleicher Menge dadurch ersetzen. So wird das Risotto aromatischer.

APFEL-CURRY-GESCHNETZELTES

30 MIN.

ZUTATEN

- 1 Zwiebel
- 3 Äpfel
- 8 Minutenschnitzel (à ca. 60 g)
- 2 EL Öl
- Salz, Pfeffer
- 1 TL Mehl
- 1–2 TL Currypulver
- 200 g Sahne

UND SO GEHT'S

Die Zwiebel schälen, längs halbieren und quer in dünne Streifen schneiden. Äpfel waschen, vierteln, entkernen und in dünne Scheiben schneiden. Schnitzel trocken tupfen und in Streifen schneiden. 1 EL Öl in einer Pfanne erhitzen. Schnitzelstreifen darin 2 Minuten anbraten, aus der Pfanne nehmen, salzen und pfeffern. Die Äpfel ins Bratfett geben und in 2–3 Minuten weich braten, dann aus der Pfanne nehmen.

1 EL Öl in die Pfanne geben. Zwiebel darin 2 Minuten anbraten, salzen, pfeffern, mit Mehl und 1 TL Currypulver bestäuben und 1 Minute weiterbraten. Sahne und 150 ml Wasser angießen, zum Kochen bringen und 3 Minuten köcheln lassen. Fleisch samt Bratensaft und Äpfeln in die Sauce geben und heiß werden lassen. Nochmals mit Salz, Pfeffer und Currypulver abschmecken. Dazu passt Reis hervorragend.

ZWIEBELSCHNITZEL MIT KARTOFFELN

25 MIN.

ZUTATEN

- 400 g Zwiebeln
- 1 EL Öl
- 8 Minutenschnitzel (à ca. 60 g)
- Salz, Pfeffer
- 1 EL Mehl
- 200 g Sahne
- 1 kg Kartoffeln

AUSSERDEM

- Auflaufform (ca. 25 × 30 cm)

UND SO GEHT'S

Den Backofen auf 200 °C (Ober-/Unterhitze) vorheizen. Die Zwiebeln schälen, längs halbieren und quer in dünne Streifen schneiden. Das Öl in einer Pfanne erhitzen und die Zwiebeln darin 5 Minuten unter gelegentlichem Rühren andünsten. Inzwischen die Schnitzel trocken tupfen, salzen, pfeffern, im Mehl wenden und in die Auflaufform legen. Die Zwiebeln auf den Schnitzeln verteilen, salzen, pfeffern und mit Sahne angießen. Im heißen Ofen (Mitte) 20 Minuten backen. Wenn zu viel Flüssigkeit verdampft, noch 50–100 ml Wasser angießen.

Währenddessen die Kartoffeln schälen, waschen, vierteln und in kochendem Salzwasser bei mittlerer Hitze zugedeckt in 15 Minuten garen, dann abgießen und salzen. Mit den Schnitzeln und der Zwiebelsauce anrichten.

GEFÜLLTE PAPRIKA

mit Tomatensauce

25 MIN.
+40 MIN. BACKEN

ZUTATEN

- 4 Paprika
- 300 g Brot
- 1 Zwiebel
- 100 g Käse
- 6 Minutenschnitzel (à ca. 60 g; alternativ 360 g Hackfleisch)
- 2 EL Öl
- 1 Ei
- Salz, Pfeffer
- 1 große Dose stückige Tomaten (800 g Füllgewicht; alternativ 8–10 klein gewürfelte Tomaten)
- 2 Stängel Basilikum (nach Belieben)

AUSSERDEM

- Auflaufform (ca. 25 × 30 cm)

UND SO GEHT'S

Den Backofen auf 200 °C (Ober-/Unterhitze) vorheizen. Die Paprika halbieren, putzen und waschen. Das Brot in Würfel schneiden und in einer Schüssel mit 100 ml Wasser übergießen. Die Zwiebel schälen und klein würfeln. Den Käse würfeln oder grob reiben. Die Schnitzel trocken tupfen und möglichst fein würfeln oder im Fleischwolf oder Blitzhacker fein zerkleinern.

1 EL Öl in einem Topf erhitzen und die Zwiebel darin glasig dünsten. Zwiebel, Käse, fein gewürfeltes Fleisch und Ei zu den Brotwürfeln in die Schüssel geben, kräftig salzen und pfeffern und mit den Händen gut verkneten. Die Masse in die Paprikahälften füllen.

Tomaten, 200 ml Wasser, Salz und Pfeffer verrühren und die Sauce in die Auflaufform füllen. Die Paprikahälften mit der Füllung nach oben in die Form setzen, mit dem restlichen Öl (1 EL) beträufeln und im heißen Ofen (Mitte) ca. 40 Minuten backen.

Inzwischen das Basilikum waschen, trocken schütteln, die Blättchen abzupfen und in dünne Streifen schneiden. Die Paprikahälften zusammen mit der Tomatensauce auf Tellern anrichten und nach Belieben mit Basilikum bestreuen. Dazu passt ein knackiger Salat.

PAPRIKANUDELN
mit Fleischbällchen

30 MIN.

ZUTATEN

- 6 Minutenschnitzel (à ca. 60 g; alternativ 360 g Hackfleisch)
- 50 g Brot
- 1 Ei
- Salz, Pfeffer
- 400 g Nudeln (nach Belieben)
- 1 Zwiebel
- 2 Paprika
- 3 EL Öl
- 1 Dose stückige Tomaten (400 g Füllgewicht; alternativ 5 klein gewürfelte frische Tomaten)

UND SO GEHT'S

Die Schnitzel trocken tupfen, in Stücke schneiden und im Fleischwolf oder im Blitzhacker fein zerkleinern. Das Brot würfeln, zusammen mit dem Fleisch, dem Ei, 2 EL Wasser, je 1 Prise Salz und Pfeffer in eine Schüssel geben und mit den Händen gut verkneten. Die Nudeln in reichlich kochendem Salzwasser nach Packungsanweisung bissfest garen.

Inzwischen die Zwiebel schälen und in kleine Würfel schneiden. Die Paprika vierteln, putzen, waschen und quer in dünne Streifen schneiden. 1 EL Öl in einem großen Topf oder einer weiten Pfanne erhitzen. Zwiebel und Paprika darin 4 Minuten andünsten. Dann die Tomaten dazugeben und zum Kochen bringen. Die Sauce mit Salz und Pfeffer würzen und 6 Minuten bei mittlerer Hitze zugedeckt köcheln lassen.

Aus der Fleischmasse mit angefeuchteten Händen walnussgroße Bällchen formen. Das restliche Öl (2 EL) in einer beschichteten Pfanne erhitzen und die Fleischbällchen darin in 5–7 Minuten rundherum goldbraun braten.

Die Nudeln abgießen und das Kochwasser auffangen. Die Nudeln mit der Paprikasauce im Topf vermischen. Wenn die Mischung zu trocken ist, noch etwas Nudelkochwasser dazugeben. Die Pasta mit Salz und Pfeffer abschmecken und zusammen mit den Fleischbällchen anrichten.

KÄSE-FLEISCH-KÜCHLEIN

mit Ofengemüse

25 MIN.
+35 MIN. BACKEN

ZUTATEN

- 4 EL Öl plus etwas mehr für das Blech
- 100 g Brot
- 8 Minutenschnitzel (à ca. 60 g; alternativ 480 g Hackfleisch)
- 1 Ei
- Salz, Pfeffer
- 100 g Käse (z. B. Feta)
- 400 g Kartoffeln
- 2 Paprika
- 500 g (TK-)Brokkoli

UND SO GEHT'S

Den Backofen auf 200 °C (Ober-/Unterhitze) vorheizen und ein Backblech mit Öl einstreichen. Das Brot würfeln, in eine Schüssel geben und mit 4 EL Wasser beträufeln. Die Schnitzel trocken tupfen und mit dem Fleischwolf oder im Blitzhacker fein zerkleinern. Brot, Fleisch, Ei, je 1 Prise Salz und Pfeffer mit den Händen zu einer glatten Masse verkneten.

Den Käse in acht Würfel schneiden. Die Kartoffeln schälen, waschen und achteln. Die Paprika halbieren, putzen, waschen und in 4 cm große Stücke schneiden. Frischen Brokkoli waschen und in Röschen teilen. Den Brokkolistiel schälen und in Würfel schneiden. Kartoffeln, Paprika, (TK-)Brokkoli, 3 EL Öl in einer Schüssel mischen, mit Salz und Pfeffer würzen und auf dem Backblech verteilen.

Die Fleischmasse achteln. Mit angefeuchteten Händen jeweils 1 Käsewürfel mittig in die Fleischportion geben und zu einer Kugel formen. Die Fleischküchlein mit dem restlichen Öl (1 EL) bestreichen, zum Gemüse auf das Blech legen und im heißen Ofen (Mitte) 20 Minuten garen.

Den Backofengrill, besser noch den Umluftgrill auf 240 °C, einschalten. Das Blech auf der oberen Schiene des Ofens einschieben und alles in 10–15 Minuten bräunen lassen – dabei ab und zu in den Ofen schauen, damit nichts anbrennt. Dann auf Teller verteilen und los futtern!

PAPRIKASCHNITZEL

mit Kartoffelpüree

30 MIN.

ZUTATEN

- 800 g vorwiegend festkochende Kartoffeln
- Salz
- 2 Paprika
- 1 Zwiebel
- 8 Minutenschnitzel (à ca. 60 g)
- 2 EL Öl
- Pfeffer
- 100 g Sahne

UND SO GEHT'S

Die Kartoffeln schälen, waschen, achteln und in kochendem Salzwasser in ca. 15 Minuten garen.

Inzwischen die Paprika vierteln, putzen, waschen und quer in feine Streifen schneiden. Die Zwiebel schälen, längs vierteln und quer in dünne Streifen schneiden. Die Schnitzel trocken tupfen.

1 EL Öl in einer beschichteten Pfanne erhitzen. Die Schnitzel darin bei hoher Hitze von beiden Seiten kurz scharf anbraten, aus der Pfanne nehmen, salzen und pfeffern. Das restliche Öl (1 EL) in die Pfanne geben. Zwiebel und Paprika darin bei mittlerer bis hoher Hitze ca. 5 Minuten anbraten. Dann mit 300 ml Wasser angießen, salzen und pfeffern und zugedeckt 5 Minuten köcheln lassen.

Die Kartoffeln in ein Sieb abgießen und abtropfen lassen, dabei das Kochwasser auffangen. Die Sahne im Topf erwärmen. Die Kartoffeln durch die Kartoffelpresse zur Sahne drücken, verrühren und so viel Kochwasser dazugeben, bis ein sämiges Püree entstanden ist. Mit Salz und Pfeffer abschmecken und warm halten.

Die Schnitzel samt Bratensaft, der sich gesammelt hat, zur Paprikasauce in die Pfanne geben und darin erhitzen. Die Sauce nochmals mit Salz und Pfeffer abschmecken, dann mit dem Kartoffelpüree auf Tellern anrichten.

–VARIANTE–

Zu den Paprikaschnitzeln passen natürlich auch Reis, Nudeln oder Salzkartoffeln. Ein Kinderhit dazu sind auch Pommes frites. Befindet sich vielleicht noch eine Packung Backofen-Fritten im Tiefkühlfach?

NUDELPFANNE
Carbonara

20 MIN.

ZUTATEN

- 400 g Nudeln (nach Belieben)
- Salz
- 6 Minutenschnitzel (à ca. 60 g)
- 100 g Käse (z. B. Parmesan, Pecorino)
- 4 Stängel Basilikum (nach Belieben)
- 4 Eigelb
- 100 g Sahne
- Pfeffer
- 2 EL Öl

UND SO GEHT'S

Die Nudeln nach Packungsanweisung in reichlich kochendem Salzwasser bissfest garen.

Inzwischen die Schnitzel trocken tupfen, längs halbieren und quer in dünne Streifen schneiden. Den Käse fein reiben. Das Basilikum waschen, trocken schütteln, die Blätter abzupfen und in feine Streifen schneiden. Eigelbe, Sahne, die Hälfte des Käses, je 1 Prise Salz und Pfeffer in einem hohen Rührbecher verquirlen.

Das Öl in einer beschichteten Pfanne erhitzen und die Schnitzelstreifen darin bei hoher Hitze scharf anbraten, salzen und pfeffern. Die Pasta in ein Sieb abgießen, dabei das Nudelwasser auffangen. Die Nudeln zurück in den heißen Nudeltopf geben, jedoch nicht mehr auf den Herd stellen. Die Eier-Sahne-Mischung unterheben und die Pasta zugedeckt 1–2 Minuten ziehen lassen, sodass sich Sauce und Pasta cremig miteinander verbinden, das Ei aber nicht gerinnt. Falls die Mischung zu trocken ist, noch etwas Nudelkochwasser untermischen.

Die Schnitzelstreifen samt Bratfett untermengen, die Pasta nochmals mit Salz und Pfeffer abschmecken und auf Teller verteilen. Mit Basilikum und restlichem Käse bestreut genießen.

–VARIANTE–

Klassische Carbonara wird mit Speck gemacht. Wer gerade welchen zu Hause hat, kann diesen noch als Würzzugabe mit den Schnitzeln anbraten oder die Schnitzel damit ersetzen. Auch in Stücke geschnittene, rohe Bratwürste können alternativ zu den Schnitzelstreifen verwendet werden. Für eine Veggie-Variante das Fleisch durch in Streifen geschnittene, getrocknete Tomaten austauschen – einfach mit der Eiermischung unter die Nudeln heben und im heißen Topf erwärmen.

SCHNITZEL

mit Nudel-Tomaten-Salat

25 MIN.

ZUTATEN

- 350 g Nudeln (nach Belieben)
- Salz
- 6 Tomaten (alternativ 1 Dose stückige Tomaten; 400 g Füllgewicht)
- 1 Zwiebel
- ½ Topf Basilikum
- 2 EL Essig
- Pfeffer
- ½ TL Zucker (nach Belieben)
- 6 EL Öl
- 8 Minutenschnitzel (à ca. 60 g)

UND SO GEHT'S

Die Nudeln nach Packungsanweisung in reichlich kochendem Salzwasser bissfest garen.

Inzwischen die Tomaten waschen, halbieren, von den Stielansätzen befreien und in Würfel oder dünne Spalten schneiden. Die Zwiebel schälen und fein hacken. Die Basilikumblätter abzupfen, waschen, trocken tupfen und grob zerzupfen oder schneiden.

Tomaten, Zwiebel, Essig, je 1 Prise Salz und Pfeffer, Zucker und 5 EL Öl in einer Salatschüssel mischen. Die Nudeln in ein Sieb abgießen, kalt abschrecken und abtropfen lassen. Anschließend in die Salatschüssel geben und alle Zutaten gut durchmischen.

Die Schnitzel trocken tupfen. Das restliche Öl (1 EL) in einer beschichteten Pfanne erhitzen und die Schnitzel darin auf jeder Seite bei hoher Hitze in ca. 1 Minute scharf anbraten, dann salzen und pfeffern. Den Salat nochmals mit Salz und Pfeffer abschmecken und zusammen mit den Schnitzeln auf Tellern anrichten.

– VARIANTE –

Liegt im Kühlschrank noch eine Packung Mozzarella? Oder Feta? Perfekt, dann den Käse gewürfelt untermischen. Auch Parmesanspäne sind ein tolles Topping. Getrocknete Tomaten, Kapern, Oliven oder Sardellen bringen geschmacklich Abwechslung in den Salat. Haben Sie Lust auf orientalisch? Einfach dem Dressing etwas Harissa oder Ras el Hanout hinzufügen, Basilikum durch Petersilie oder Koriandergrün ersetzen und die Schnitzel mit gemahlenem Koriander oder Kreuzkümmel würzen.

CORDON BLEU NATUR

mit Kartoffelecken vom Blech

20 MIN.
+ 30 MIN. BACKEN

ZUTATEN

- 1 kg Kartoffeln
- 3 EL Öl
- Salz
- 8 Minutenschnitzel (à ca. 60 g)
- Pfeffer
- 100 g Käse
- 3 Stängel Basilikum (nach Belieben)
- 8 Zahnstocher

UND SO GEHT'S

Den Backofen auf 220 °C (Ober-/Unterhitze) vorheizen. Die Kartoffeln schälen, waschen und achteln. Neue Kartoffeln mit dünner Schale müssen nicht geschält werden. Die Kartoffelspalten zusammen mit dem Öl und 2–3 Prisen Salz in eine Schüssel geben, gut durchmischen und auf einem Backblech verteilen.

Die Schnitzel trocken tupfen, mit einem Kochtopf etwas flach klopfen, salzen und pfeffern. Den Käse in vier Scheiben schneiden, die etwa so groß wie die Schnitzel sein sollten. Das Basilikum waschen, trocken schütteln und die Blättchen abzupfen. 4 Schnitzel mit Basilikumblättchen und einer Käsescheibe belegen und mit den restlichen 4 Schnitzel belegen. Die gefüllten Schnitzel mit je 2 Zahnstochern fixieren.

Die Schnitzel zu den Kartoffelecken aufs Blech legen und im heißen Ofen (Mitte) ca. 30 Minuten garen, bis beides gar ist. Auf Tellern anrichten und genießen.

–VARIANTE–

Ergänzen Sie die Füllung nach Belieben um dünne Tomaten- oder Zucchinischeiben. Welcher Käse in die Schnitzel kommt, können Sie ganz nach Lust, Laune und Kühlschrankfüllung entscheiden: Hart- oder Schnittkäse, Mozzarella oder Feta ... alles geht – auch ein Klecks Ziegen- oder Kräuterfrischkäse passt wunderbar.

SPÄTZLE-FLEISCH-PFANNE

mit Gemüse

20 MIN.

ZUTATEN

FÜR DEN SPÄTZLETEIG

- Salz
- 500 g Mehl
- 5 Eier
- 3 EL Öl

FÜR DIE GEMÜSE-FLEISCH-PFANNE

- 800 g TK-Gemüsemischung
- 250 g Sahne
- Pfeffer
- 8 Minutenschnitzel (à ca. 60 g)

UND SO GEHT'S

Für die Spätzle reichlich Salzwasser in einem großen Topf zum Kochen bringen. Mehl, Eier, 1 TL Salz und 1 EL Öl in einer Rührschüssel mit einem Kochlöffel verrühren, dabei nach und nach ca. 150–200 ml Wasser dazugeben, bis ein klümpchenfreier zähflüssiger Teig entstanden ist. Sobald das Salzwasser im Topf kocht, den Spätzleteig mithilfe eines Spätzlehobels portionsweise in den Topf schaben. Wenn die Spätzle an die Wasseroberfläche steigen, die Spätzle mit einem Schaumlöffel aus dem Topf in eine Schüssel geben.

Inzwischen 1 EL Öl in einer großen Pfanne oder einem Wok (32 cm Ø) erhitzen, das TK-Gemüse und 200 ml Wasser dazugeben und zugedeckt in 6 Minuten auftauen lassen und dünsten. Dann die Sahne zugießen, zum Kochen bringen und das Gemüse offen bei mittlerer Hitze 2 Minuten köcheln lassen. Mit Salz und Pfeffer würzen. Spätzle dazugeben und alles zusammen heiß werden lassen. Es sollte sich alles zu einer cremigen, nicht zu trockenen Mischung verbinden.

Das restliche Öl (1 EL) in einer zweiten Pfanne erhitzen. Die Schnitzel trocken tupfen, im heißen Öl auf jeder Seite ca. 1 Minute scharf anbraten, salzen und pfeffern. Dann auf die Spätzle-Gemüse-Pfanne legen, den Bratensaft darüberträufeln und die Pfanne auf den Tisch stellen.

–TIPP–

Wer mag, kann auch noch geriebenen Käse in der Gemüse-Sahne-Mischung schmelzen lassen, bevor die Spätzle dazukommen. So wird das Pfannengericht noch ein bisschen pikanter und deftiger.

CURRY-NUSS-REIS

mit gebratenem Fisch

30 MIN.

ZUTATEN

- 1 rote Paprika
- 1 Zwiebel
- 3 EL Öl
- 250 g Langkornreis (z. B. Basmatireis)
- 1–2 TL Currypulver
- Salz
- 600 g Fischfilet (alternativ aufgetaute TK-Ware; z. B. Rotbarsch, Kabeljau)
- Pfeffer
- 4 EL Nusskerne (z. B. Mandeln)
- 100 g Sahne

UND SO GEHT'S

Die Paprika längs halbieren, putzen, waschen und in kleine Würfel schneiden. Die Zwiebel schälen und klein würfeln.

1 EL Öl in einer Pfanne erhitzen. Paprika und Zwiebel darin 3 Minuten anbraten. Den Reis dazugeben und 1 Minute mitbraten. Mit 1 TL Currypulver bestreuen und alles 1 Minute weiter braten. Den Pfanneninhalt mit 600 ml Wasser aufgießen, aufkochen, mit 1 Prise Salz würzen und zugedeckt bei mittlerer Hitze 15 Minuten köcheln lassen.

Inzwischen das Fischfilet kalt abspülen, trocken tupfen und in acht Stücke schneiden. Den Fisch mit Salz und Pfeffer würzen. Die Mandeln grob hacken und in einer beschichteten Pfanne ohne Fett unter Rühren bei mittlerer Hitze anrösten, bis sie duften, dann auf einem Teller abkühlen lassen.

Den Deckel vom Curryreis abnehmen, die Sahne angießen und offen bei mittlerer Hitze 5 Minuten köcheln lassen, dabei immer wieder umrühren. Der Reis sollte gar sein und eine cremige Konsistenz haben. Den Reis nochmals mit Currypulver und Salz abschmecken.

Das restliche Öl (2 EL) in der beschichteten Pfanne erhitzen. Die Fischstücke darin bei hoher Hitze auf jeder Seite ca. 2 Minuten anbraten. Den Curryreis mit den Fischstücken auf vier Teller verteilen und mit Mandeln bestreuen.

KNUSPERFISCH

mit Brokkoli-Apfel-Salat

30 MIN.

ZUTATEN

FÜR DEN SALAT

- 400 g (TK-)Brokkoli
- 2 Äpfel
- 3 EL Nusskerne
- 3 EL Essig
- ½ TL Zucker (nach Belieben)
- 6 EL Öl
- Salz, Pfeffer

FÜR DEN FISCH

- 4 Stücke (TK-)Fischfilet (à 200 g; z. B. Kabeljau, Seelachs)
- Salz, Pfeffer
- 150 g Brot (frisch oder altbacken)
- 2 EL Mehl
- 2 Eier
- 4 EL Öl

UND SO GEHT'S

TK-Brokkoliröschen und TK-Fischfilet gut auftauen lassen. Frischen Brokkoli waschen und in Röschen schneiden. Den Stiel schälen und nicht zu fein würfeln.

Für den Salat die Brokkoliröschen samt Stiel im Blitzhacker zu ½–1 cm großen Stücken zerkleinern. Die Äpfel waschen, achteln, entkernen und quer in dünne Scheiben schneiden. Die Nüsse grob hacken und in einer beschichteten Pfanne ohne Fett unter Rühren rösten, bis sie duften. Essig, Zucker, Öl, 2–4 EL Wasser, je 1 Prise Salz und Pfeffer in einer Tasse verquirlen. Brokkoli, Äpfel und Dressing in einer Schüssel mischen, nochmals mit Salz und Pfeffer abschmecken, mit den Nüssen bestreuen und bis zum Servieren ziehen lassen.

Für den Fisch die Filetstücke kalt abspülen, trocken tupfen, salzen und pfeffern. Das Brot grob würfeln und im Blitzhacker fein zerbröseln. Brotbrösel und Mehl jeweils auf einem flachen Teller verteilen. Die Eier in einen tiefen Teller aufschlagen und verquirlen, salzen und pfeffern. Die Fischstücke zuerst im Mehl, dann im Ei und zuletzt in den Brotbröseln wenden.

Das Öl in der beschichteten Pfanne erhitzen und den Fisch darin auf jeder Seite bei mittlerer bis hoher Hitze 3–4 Minuten braten, bis die Panade goldbraun und der Fisch gar ist. Knusperfisch mit Salat servieren.

–TIPP–

Noch Schmand und Senf im Haus? Dann beides zusammenrühren und mit Salz und Pfeffer würzen. Den Dip zum Fisch reichen. Sind noch Brotbrösel vom Panieren übrig geblieben? Einfach in einer Pfanne mit etwas Butter knusprig anrösten und als Croûtons auf den Salat streuen.

FISCHKÜCHLEIN
mit Rahmgemüse

25 MIN.

ZUTATEN

- 500 g (TK-)Fischfilet (z. B. Kabeljau, Rotbarsch oder Seelachs)
- 1 Zwiebel
- 4 EL Öl
- 50 g Brot
- 1 Ei
- Salz, Pfeffer
- 800 g TK-Gemüsemischung
- 100 g Sahne

UND SO GEHT'S

Den TK-Fisch auftauen lassen. Frischen Fisch kalt abspülen und trocken tupfen. Den Fisch in 3 cm große Würfel schneiden und im Blitzhacker oder mit dem Fleischwolf zerkleinern. Die Zwiebel schälen und fein würfeln. 1 EL Öl in einem kleinen Topf erhitzen und die Zwiebelwürfel darin bei schwacher bis mittlerer Hitze andünsten. Das Brot klein würfeln und mit 3 EL Wasser beträufeln.

Fisch, Zwiebel, Ei, Brot, je 1 Prise Salz und Pfeffer in einer Schüssel mit den Händen verkneten, bis eine geschmeidige Masse entstanden ist. Diese kurz ruhen lassen.

Inzwischen 1 EL Öl in einer Pfanne oder in einem Topf erhitzen. Die Gemüsemischung und 100 ml Wasser dazugeben und zugedeckt bei mittlerer bis hoher Hitze in 5–7 Minuten auftauen lassen.

Während das Gemüse gart, mit angefeuchteten Händen aus der Fischmasse 8 Frikadellen formen. Das restliche Öl (2 EL) in einer beschichteten Pfanne erhitzen und die Frikadellen darin auf jeder Seite ca. 3 Minuten anbraten. Sie sollen innen gar und außen goldbraun und knusprig sein.

Die Sahne zum Gemüse geben und kurz aufkochen. Das Gemüse mit Salz und Pfeffer abschmecken und zusammen mit den Fischfrikadellen anrichten.

–TIPP–

Greifen Sie einfach zu dem Gemüse, das gerade da ist. Egal ob Kaisergemüse, Blumenkohl, Brokkoli oder Erbsen-Möhren-Mischung – sie alle sind schmackhafte Begleiter zum Fisch. Natürlich darf es auch frisches Gemüse sein, wenn sich im Gemüsefach noch welches tummelt.

FISCH-KORMA

mit Reis

30 MIN.

ZUTATEN

- 500 g (TK-)Fischfilet (z. B. Kabeljau, Rotbarsch oder Seelachs)
- 2 EL Öl
- 300 g Langkornreis (z. B. Spitzenlangkorn- oder Basmatireis)
- Salz
- 2 Zwiebeln
- 60 g Nusskerne (z. B. Mandeln oder Cashewkerne)
- 200 g Sahne
- Salz, Pfeffer
- 2 TL Currypulver

UND SO GEHT'S

TK-Fischfilet auftauen lassen. 1 EL Öl in einem Topf erhitzen und den Reis darin 2 Minuten anbraten. Mit 450 ml Wasser aufgießen, aufkochen, salzen und den Reis zugedeckt bei schwacher bis mittlerer Hitze 10 Minuten köcheln lassen, dann bei sehr niedriger Hitze noch 10 Minuten ausquellen lassen.

Inzwischen die Zwiebeln schälen und grob würfeln. Zwiebeln, Nüsse, Sahne, 100 ml Wasser, je 1 Prise Salz und Pfeffer und 1 TL Currypulver in einen hohen Rührbecher geben und mit dem Stabmixer fein pürieren.

Das Fischfilet kalt abspülen, trocken tupfen und in mundgerechte Stücke schneiden. Mit Salz, Pfeffer und restlichem Currypulver (1 TL) würzen.

Das restliche Öl (1 EL) in einer Pfanne erhitzen und die Sahne-Zwiebel-Nuss-Mischung darin zum Kochen bringen. Die Sauce 5 Minuten bei mittlerer Hitze offen köcheln lassen, dann die Fischstücke in die Sauce legen und in 5 Minuten gar ziehen lassen. Die Sauce sollte jetzt nicht mehr kochen.

Den Reis mit einer Gabel auflockern. Wenn die Sauce zu dickflüssig ist, diese noch mit etwas Wasser strecken, dann nochmals mit Salz und Pfeffer abschmecken und zusammen mit dem Reis servieren.

–TIPP–

Klassischerweise wird das indische Curry mit Joghurt statt Sahne zubereitet. Wer also Joghurt daheim hat, der kann das Gericht auch damit zubereiten. Kardamom, Nelken und Zimt bringen mehr indisches Aroma in die Sauce – sofern das alle mögen.

FISCH-GEMÜSE-PÄCKCHEN

20 MIN.
+ 15 MIN. BACKEN

ZUTATEN

- 4 Stücke (TK-)Fischfilet (à ca. 125 g; z. B. Kabeljau, Rotbarsch oder Seelachs)
- 500 g (TK-)Brokkoli
- 500 g TK-Gemüsemischung
- Salz, Pfeffer
- 100 g Sahne

AUSSERDEM

- 4 Bögen Backpapier

UND SO GEHT'S

TK-Fisch auftauen lassen. Den Backofen auf 180 °C (Ober-/Unterhitze) vorheizen. Frischen Brokkoli waschen, in Röschen teilen, den Stiel schälen und grob würfeln. (TK-)Brokkoli und TK-Gemüse in kochendem Salzwasser 5 Minuten blanchieren, abgießen und abtropfen lassen. Mit Salz und Pfeffer würzen.

Inzwischen Fischfiletstücke kalt abspülen, trocken tupfen, salzen und pfeffern. Auf jeden Bogen Backpapier je ein Viertel der Gemüsemischung geben, darauf je ein Viertel Sahne träufeln und je 1 Stück Fisch obenauf legen. Das Backpapier über dem Fisch zusammenschlagen und die Enden wie ein Bonbon fest eindrehen. Auf ein Backblech legen und im heißen Ofen (Mitte) in ca. 15 Minuten garen. Auf den Tellern öffnen und genießen. Dazu passt Brot, Reis oder Salzkartoffeln.

FISCH-AUFLAUF MIT SPINAT

20 MIN.
+ 50 MIN. BACKEN

ZUTATEN

- 1 Zwiebel
- 2 EL Öl
- 600 g TK-Blattspinat
- 900 g vorwiegend festkochende Kartoffeln
- 200 g Sahne
- Salz, Pfeffer
- 4 Stücke (TK-)Fischfilet (à ca. 150 g; z. B. Lachs, Rotbarsch)

AUSSERDEM

- Auflaufform (ca. 25 × 30 cm)

UND SO GEHT'S

Den Backofen auf 200 °C (Ober-/Unterhitze) vorheizen. Die Zwiebel schälen und klein würfeln. 1 EL Öl in einem Topf erhitzen und die Zwiebel darin andünsten. Den Spinat dazugeben und bei hoher Hitze in ca. 7 Minuten auftauen lassen.

Die Kartoffeln schälen, waschen und mit einer Küchenmaschine in dünne Scheiben hobeln oder schneiden. Sahne zum Spinat geben und 2 Minuten köcheln lassen. Mit Salz und Pfeffer würzen. Den Fisch kalt abspülen, trocken tupfen, salzen und pfeffern. Die Auflaufform mit 1 EL Öl fetten und den Fisch hineinlegen. Erst mit Spinat, dann mit Kartoffelscheiben belegen, salzen und pfeffern. Mit den Händen etwas in die Sauce drücken. Im heißen Ofen (Mitte) 45–50 Minuten backen, bis die Kartoffeln weich und leicht gebräunt sind.

PFANNKUCHEN
mit herzhafter Füllung

30 MIN.

ZUTATEN

FÜR DIE PFANNKUCHEN

- 200 g Mehl
- 4 Eier
- 1 TL Salz
- 100 g Sahne
- Öl zum Braten

FÜR DIE FÜLLUNG

- 500 g (TK-)Fischfilet (z. B. Lachs, Kabeljau, Rotbarsch)
- 3 Paprika
- 1 Zwiebel
- 1 EL Öl
- 1 Dose stückige Tomaten (400 g Füllgewicht; alternativ 5 frische Tomaten)
- Salz, Pfeffer
- 5 Stängel Basilikum (nach Belieben)

UND SO GEHT'S

Für die Pfannkuchen Mehl, Eier, Salz und Sahne in einer Schüssel mit den Rührbesen des Handrührgeräts verrühren, dabei nach und nach 350 ml Wasser zugeben, bis ein klümpchenfreier Teig entstanden ist.

Für die Füllung den TK-Fisch auftauen lassen. Die Paprika halbieren, putzen, waschen und in Würfel schneiden. Die Zwiebel schälen und fein hacken. Das Öl in einem Topf erhitzen, Zwiebel und Paprika darin 2 Minuten andünsten, dann die Tomaten zugeben. Das Gemüse mit Salz und Pfeffer abschmecken, zum Kochen bringen und zugedeckt bei mittlerer Hitze 10 Minuten köcheln lassen. Inzwischen den Fisch kalt abspülen, trocken tupfen, grob würfeln, salzen und pfeffern. Das Basilikum waschen, trocken schütteln, die Blätter abzupfen und in Streifen schneiden. Den Fisch zum Gemüse geben und darin zugedeckt bei schwacher bis mittlerer Hitze in 5–7 Minuten garen. Nochmals mit Salz und Pfeffer abschmecken.

Etwas Öl in einer beschichteten Pfanne erhitzen. Eine Schöpfkelle Teig hineingeben, durch Schwenken verteilen und backen, bis die Oberseite gestockt und die Unterseite leicht gebräunt ist, dann wenden. Den Pfannkuchen aus der Pfanne heben und warm stellen. Aus dem restlichen Teig weitere 7 Pfannkuchen backen, dabei immer etwas Öl in die Pfanne geben. Jeweils etwas Füllung auf eine Hälfte des Pfannkuchens geben, mit Basilikum bestreuen und die zweite Pfannkuchenhälfte darüberschlagen.

ÜBERBACKENES FISCHFILET

30 MIN.
+ 20 MIN. BACKEN

ZUTATEN

- 4 Stücke (TK-)Fischfilet (à ca. 150 g; z. B. Kabeljau, Rotbarsch, Seelachs)
- Salz, Pfeffer
- 2 Tomaten
- 150 g Käse (z. B. Mozzarella)
- 1 Zwiebel
- 1 EL Öl
- 800 g TK-Spinat

UND SO GEHT'S

Den Backofen auf 180 °C (Ober-/Unterhitze) vorheizen und ein Backblech mit Backpapier belegen. Den Fisch kalt abspülen, trocken tupfen, salzen, pfeffern und auf das Blech legen.

Die Tomaten waschen, halbieren, von den Stielansätzen befreien und in dünne Scheiben schneiden. Den Käse reiben. Tomatenscheiben auf die Fischstücke legen und mit Käse bestreuen. Im Ofen (Mitte) 15–20 Minuten überbacken. Inzwischen die Zwiebel schälen und fein hacken. Das Öl in einem Topf erhitzen und die Zwiebel darin 2 Minuten andünsten. Den Spinat zugeben und bei hoher Hitze in ca. 7 Minuten auftauen, bis die Flüssigkeit verdampft ist. Mit Salz und Pfeffer würzen und mit dem Fisch auf Tellern anrichten.

FISCH MIT GREMOLATA

30 MIN.
+ 15 MIN. BACKEN

ZUTATEN

- 4 Stücke (TK-)Fischfilet (à ca. 150 g; z. B. Kabeljau, Lachs oder Rotbarsch)
- Salz, Pfeffer
- 6 Tomaten
- 100 g Brot
- 50 g Käse
- 6 EL Öl
- 50 g Nusskerne
- 6 Stängel Basilikum

UND SO GEHT'S

Den Backofen auf 200 °C (Ober-/Unterhitze) vorheizen und ein Blech mit Backpapier belegen. Den Fisch kalt abspülen, trocken tupfen, salzen, pfeffern und auf das Blech legen. Die Tomaten waschen, halbieren, neben den Fisch auf das Blech legen und die Schnittflächen mit Salz und Pfeffer würzen.

Das Brot klein würfeln und den Käse reiben. Brot, Käse und 1 EL Öl in einer Schüssel vermengen und auf den Tomatenhälften verteilen. Fisch und Tomaten mit 1 EL Öl beträufeln und im heißen Ofen (unten) ca. 15 Minuten backen, in den letzten 1–2 Minuten den Backofengrill zuschalten. Dabei prüfen, dass die Kruste nicht verbrennt. Währenddessen die Nüsse in einer Pfanne ohne Fett rösten, herausnehmen und hacken. Basilikum waschen, trocken schütteln, die Blätter abzupfen und fein hacken. Nüsse, Basilikum, 4 EL Öl, je 1 Prise Salz und Pfeffer in einem Schälchen verrühren. Fisch mit Gremolata beträufeln und mit den Grilltomaten anrichten.

– TIPP –

Wer Rahmspinat lieber mag, der gibt noch einen Schuss Sahne zum Spinat dazu.

WRAPS

mit Spinat-Tomaten-Füllung

30 MIN.

ZUTATEN

FÜR DIE FÜLLUNG

- 1 Zwiebel
- 1 EL Öl
- 600 g TK-Spinat
- 4 Tomaten (alternativ 1 Dose stückige Tomaten; 400 g Füllgewicht)
- Salz, Pfeffer
- 120 g Käse

FÜR DIE WRAPS

- 320 g Mehl plus etwas mehr für die Arbeitsfläche
- 50 ml Öl
- 1 TL Salz

UND SO GEHT'S

Den Backofen auf 80 °C (Ober-/Unterhitze) vorheizen. Für die Füllung die Zwiebel schälen und fein würfeln. Das Öl in einem Topf erhitzen und die Zwiebel darin 1 Minute andünsten. Den Spinat dazugeben und bei hoher Hitze unter Rühren in ca. 7 Minuten auftauen, dann beiseitestellen.

Inzwischen die Zutaten für die Wraps und 150 ml Wasser in einer Schüssel mit den Knethaken des Handrührgeräts zu einem glatten Teig verkneten. Den Teig in vier Portionen teilen und mit einem Nudelholz auf einer leicht bemehlten Arbeitsfläche zu Fladen (ca. 32 cm Ø) ausrollen. Eine große beschichtete Pfanne erhitzen und die Fladen darin bei hoher Hitze auf jeder Seite ca. 30 Sekunden backen. Wraps mit einem feuchten Küchentuch bedecken und im Backofen warm halten.

Die Tomaten waschen, halbieren, die Stielansätze entfernen, das Fruchtfleisch würfeln, salzen und pfeffern. Den Käse grob reiben. Je ein Viertel des Spinats auf den Fladen verteilen, dabei das untere Drittel und 4 cm an den seitlichen Rändern frei halten, salzen und pfeffern. Den Spinat mit Käse bestreuen und die Tomatenwürfel darauf verteilen. Das untere Drittel der Wraps nach oben über die Füllung schlagen, die Wraps von links nach rechts aufrollen und sofort genießen. Besteck ist nicht nötig!

–VARIANTE–

Braten Sie 400 g Fleisch in Streifen geschnitten in etwas Öl in einer Pfanne an und würzen es nach Lust und Laune. Je nachdem, was der Gewürzschrank so hergibt. Neben Salz und Pfeffer passt Kreuzkümmel oder eine italienische Kräutermischung sehr gut. Statt Hart- oder Schnittkäse schmeckt auch Feta oder gebratener Halloumi fantastisch.

KÄSESTICKS

mit Apfelchutney und Kartoffeln

30 MIN.

ZUTATEN

- 800 g Kartoffeln
- Salz
- 2 große Äpfel
- 2 Zwiebeln
- 1 EL Öl plus etwas mehr zum Braten
- 1 EL Zucker
- 2 EL Essig
- Pfeffer
- 350 g Käse (am Stück)
- 1 Scheibe Brot (ca. 50 g; z. B. Bauernbrot, am besten altbacken)
- 1 Ei

UND SO GEHT'S

Die Kartoffeln schälen, waschen, vierteln und in kochendem Salzwasser zugedeckt bei mittlerer Hitze in 15–20 Minuten garen. Inzwischen die Äpfel vierteln, schälen, vom Kerngehäuse befreien und in kleine Würfel schneiden. Die Zwiebeln schälen und fein hacken.

1 EL Öl in einem kleinen Topf erhitzen. Zwiebeln und Äpfel darin 3 Minuten andünsten. Den Zucker zugeben und schmelzen lassen. Dann die Apfelmischung mit dem Essig ablöschen und 50 ml Wasser dazugeben. Das Chutney salzen, pfeffern und zugedeckt bei mittlerer Hitze ca. 10 Minuten köcheln lassen.

Den Käse in acht ca. 1 cm dicke Scheiben schneiden. Das Brot grob würfeln und im Blitzhacker fein zerbröseln. Die Brösel auf einen flachen Teller geben. Das Ei in einem tiefen Teller mit Salz und Pfeffer verquirlen. Die Käsesticks zuerst im Ei, dann in den Bröseln wenden und die Panade mit den Händen festdrücken – dabei muss der Käse nicht komplett mit Bröseln ummantelt sein, nur so gut es geht.

Das restliche Öl in einer beschichteten Pfanne erhitzen und die Käsesticks darin bei mittlerer bis hoher Hitze in ca. 3 Minuten von allen Seiten goldbraun braten. Die Kartoffeln in ein Sieb abgießen und nach Belieben mit etwas Salz würzen. Käsesticks, Chutney und Kartoffeln zusammen auf Tellern anrichten.

–VARIANTE–

Wer im Gewürzschrank Zimt, Nelken, Koriander, Piment und/oder Sternanis findet, darf das Chutney nach Lust und Laune sehr gerne noch damit verfeinern. Auch Camembert-Taler lassen sich prima panieren und ausbacken.

GEMÜSECURRY

mit Reis

25 MIN.

ZUTATEN

- 2 EL Öl
- 300 g Langkornreis (z. B. Basmati- oder Jasminreis)
- Salz
- 750 g TK-Gemüsemischung (am besten Asia-Mix)
- 2–3 TL Currypulver
- 200 g Sahne
- Pfeffer

UND SO GEHT'S

1 EL Öl in einem Topf erhitzen und den Reis darin 2 Minuten anbraten. 450 ml Wasser dazugeben, aufkochen, salzen und den Reis zugedeckt bei schwacher bis mittlerer Hitze 10 Minuten köcheln lassen, dann bei sehr niedriger Hitze noch 10 Minuten ausquellen lassen.

Inzwischen das restliche Öl in einer weiten Pfanne oder im Wok erhitzen und das Gemüse darin 5–6 Minuten bei hoher Hitze anbraten und auftauen lassen. Das Gemüse mit 2 TL Currypulver bestäuben und 1 Minute weiterbraten. Die Sahne und 200 ml Wasser dazugeben und aufkochen. Das Gemüsecurry salzen und pfeffern und bei mittlerer Hitze 5 Minuten offen köcheln lassen.

Den Reis mit einer Gabel auflockern. Das Curry nochmals mit Salz, Pfeffer und Currypulver abschmecken und zusammen mit dem Reis anrichten.

–TIPP–

Im Gemüsevorrat findet sich noch Ingwer? Perfekt, dann schälen und würfeln Sie ein 2–3 cm langes Stück davon und braten es mit dem Gemüse an. Statt Currypulver geht natürlich auch Currypaste. Vor allem Kinder mögen am liebsten die milde gelbe Paste. Richtig asiatisch wird das Curry mit 400 ml Kokosmilch. Gehackte Erdnüsse oder Cashewkerne sowie Koriandergrün machen sich als Topping auch noch ganz hervorragend.

REICHE RITTER MIT PAPRIKAGEMÜSE

30 MIN.

ZUTATEN

- 2 Zwiebeln
- 3 Paprika
- 1 EL Öl plus etwas mehr zum Braten
- Salz, Pfeffer
- 10 Scheiben Brot (am besten Weiß- oder Toastbrot)
- 200 g Sahne
- 2 Eier
- 200 g Käse

AUSSERDEM

- Auflaufform

UND SO GEHT'S

Die Zwiebeln schälen, halbieren und in dünne Streifen schneiden. Die Paprika vierteln, putzen, waschen und quer in dünne Streifen schneiden. 1 EL Öl in einem Topf erhitzen. Zwiebeln und Paprika darin bei mittlerer bis hoher Hitze 3 Minuten andünsten. 150 ml Wasser zugeben, salzen, pfeffern und zugedeckt bei niedriger Hitze 10 Minuten köcheln.

Inzwischen die Brotscheiben in die Auflaufform legen. Sahne, 100 ml Wasser, Eier, je 1 Prise Salz und Pfeffer in einem Rührbecher verquirlen und über die Brotscheiben gießen. Den Käse fein reiben. Öl in einer großen beschichteten Pfanne erhitzen. Die Brotscheiben mit Käse bestreuen und portionsweise mit der Käseseite in die Pfanne legen und goldbraun braten. Die Oberseite ebenfalls mit Käse bestreuen, wenden und goldbraun braten. Das Paprikagemüse mit den Reichen Rittern anrichten.

ZWIEBELKUCHEN-BROTE

25 MIN.
+ 20 MIN. BACKEN

ZUTATEN

- 600 g Zwiebeln
- 1 EL Öl
- 8 große Scheiben Brot
- 100 g Sahne
- 2 Eier
- Salz, Pfeffer

UND SO GEHT'S

Den Backofen auf 200 °C (Ober-/Unterhitze) vorheizen. Die Zwiebeln schälen, halbieren und in hauchdünne Streifen schneiden. Das Öl in einem Topf erhitzen und die Zwiebeln darin zugedeckt bei niedriger Hitze in 15 Minuten weich dünsten. Inzwischen ein Backblech mit Backpapier belegen und die Brote nacheinander im Toaster rösten.

Sahne, Eier, je 1 Prise Salz und Pfeffer verquirlen. Falls die Zwiebeln sehr viel Flüssigkeit gezogen haben, diese durch ein Sieb abgießen. Zwiebeln unter die Eiersahne mischen, nochmals mit Salz und Pfeffer würzen, auf den Broten verteilen und im heißen Ofen (Mitte) etwa 20 Minuten backen, bis der Guss gestockt und leicht gebräunt ist. 1, 2, 3 – losknuspern!

–VARIANTE–

Wer Kümmel im Gewürzregal stehen hat, der sollte das Zwiebelgemüse unbedingt damit würzen. Wenn einen die Fleischeslust packt oder einfach noch ein Rest Schinken oder Speck im Kühlschrank liegt, einfach in kleine Würfel schneiden, anbraten und unter die Zwiebelmasse heben.

PIZZABROTE

mit Tomate und Paprika

15 MIN.
+ 20 MIN. BACKEN

ZUTATEN

- 1 Dose stückige Tomaten (400 g Füllgewicht; alternativ 5 klein gewürfelte Tomaten)
- 1 Paprika
- 120 g Käse (z. B. Mozzarella)
- 1 kleine Zwiebel (nach Belieben)
- 3 Stängel Basilikum
- Salz, Pfeffer
- 8 Scheiben Brot (alternativ 4 Brötchen)
- 2 EL Öl

UND SO GEHT'S

Den Backofen auf 200 °C (Ober-/Unterhitze) vorheizen und ein Backblech mit Backpapier belegen. Die Tomaten in eine Schüssel geben. Die Paprika halbieren, putzen, waschen und in kleine Würfel schneiden. Den Käse ebenfalls klein würfeln. Die Zwiebel schälen und fein hacken. Basilikum waschen, trocken schütteln und in feine Streifen schneiden. Alle vorbereiteten Zutaten zu den Tomaten in die Schüssel geben, mischen und mit Salz und Pfeffer abschmecken.

Die Brotscheiben auf das Blech legen (Brötchen aufschneiden und mit den Schnittflächen nach oben auf das Blech legen). Die Pizzamasse auf den Brotscheiben verteilen. Die Brote mit dem Öl beträufeln und im heißen Ofen (Mitte) in 15–20 Minuten goldbraun überbacken. Buon Appetito!

–TIPP–

Dazu schmeckt ein knackiger Blattsalat. Thunfisch, Schinken- oder Salamiwürfel passen auch gut als Pizzatopping. Paprikamuffel nehmen Zucchini, Pilze oder Mais (aus der Dose). Wer frische Tomaten verwendet, kann Paprika, Tomaten und Zwiebel 5 Minuten in Olivenöl andünsten. Je weniger erkennbar, was drin ist, umso lieber mögen es Kinder meistens.

NUDELN MIT PAPRIKA-SAHNE-SAUCE

20 MIN.

ZUTATEN

- 400 g Nudeln (nach Belieben)
- Salz
- 4 EL Nusskerne (z. B. Walnusskerne, Mandeln)
- 3 Paprika
- 1 Zwiebel
- 50 g Käse (z. B. Parmesan)
- 1 EL Öl
- 200 g Sahne
- Pfeffer

UND SO GEHT'S

Nudeln in reichlich kochendem Salzwasser nach Packungsanweisung bissfest garen, dann abgießen und das Kochwasser auffangen. Inzwischen die Nüsse in einer beschichteten Pfanne ohne Fett rösten und abkühlen lassen. Paprika halbieren, putzen, waschen und in 1 cm große Würfel schneiden. Zwiebel schälen und klein würfeln. Käse reiben und Nüsse hacken.

Das Öl in einer Pfanne erhitzen. Zwiebel und Paprika darin 2 Minuten andünsten. 150 ml Nudelkochwasser und die Sahne zum Paprikagemüse in die Pfanne geben, aufkochen, salzen und 5 Minuten bei mittlerer Hitze köcheln lassen. Pasta unter die Sauce mischen und 1–2 Minuten weiterköcheln lassen, bei Bedarf noch etwas Kochwasser dazugeben. Mit Salz und Pfeffer abschmecken und, mit Nüssen und Käse bestreut, servieren.

NUDEL-SPINAT-FRITTATA MIT SALSA

30 MIN.

ZUTATEN

- 300 g Nudeln
- Salz
- 1 Zwiebel
- 4 EL Öl
- 500 g TK-Blattspinat
- 6 Eier
- Pfeffer
- 6 Tomaten (alternativ 1 Dose stückige Tomaten; 400 g Füllgewicht)
- ½ TL Zucker
- 1 EL Essig
- 40 g Käse (am Stück)

UND SO GEHT'S

Nudeln in reichlich kochendem Salzwasser nach Packungsanweisung bissfest garen. Inzwischen die Zwiebel schälen und klein würfeln. 2 EL Öl in einer großen beschichteten Pfanne erhitzen und die Hälfte der Zwiebel darin 2 Minuten andünsten. Den Spinat dazugeben und bei hoher Hitze in ca. 7 Minuten auftauen und erhitzen.

Inzwischen die Eier in einen hohen Rührbecher aufschlagen, salzen, pfeffern und verquirlen. Die Nudeln abgießen, abtropfen lassen und zum Spinat geben. Die Eier darübergießen und zugedeckt bei mittlerer Hitze in 10 Minuten stocken lassen. Derweil die Tomaten waschen, halbieren, von den Stielansätzen befreien, klein würfeln und in eine Schüssel geben. Restliche Zwiebel, Zucker, Essig, 2 EL Öl, je 1 Prise Salz und Pfeffer untermischen. Käse mit dem Sparschäler in grobe Späne hobeln. Frittata mit Käsespänen bestreuen und mit der Salsa servieren.

KARTOFFELAUFLAUF
mit Brokkoli

25 MIN.
+ 25 MIN. BACKEN

ZUTATEN

- 2 EL Öl plus etwas mehr für die Form
- 800 g vorwiegend festkochende Kartoffeln
- 600 g (TK-)Brokkoli
- Salz
- 2 TL Mehl
- 150 g Sahne
- Pfeffer
- 150 g Käse

AUSSERDEM

- Auflaufform (ca. 25 × 30 cm)

UND SO GEHT'S

Den Backofen auf 200 °C (Ober-/Unterhitze) vorheizen und die Auflaufform mit etwas Öl fetten.

Die Kartoffeln schälen, waschen, einmal quer und zweimal längs halbieren. Frischen Brokkoli waschen, in Röschen teilen, den Stiel schälen und in Würfel schneiden. Die Kartoffeln in kochendem Salzwasser zugedeckt bei mittlerer Hitze in ca. 15 Minuten garen. In den letzten 5 Minuten der Garzeit den (TK-)Brokkoli dazugeben.

Inzwischen das Öl in einem Topf erhitzen und das Mehl darin anschwitzen. Sahne und 150 ml Wasser dazugeben, zum Kochen bringen und 10 Minuten bei schwacher bis mittlerer Hitze köcheln lassen. Die Sauce mit Salz und Pfeffer würzen.

Den Käse grob reiben. Kartoffeln und Brokkoli in ein Sieb abgießen, abtropfen lassen und in der Auflaufform verteilen. Die Sauce darübergießen und den Auflauf mit Käse bestreuen. Im heißen Ofen (Mitte) in ca. 25 Minuten goldbraun überbacken.

—TIPP—

Wer nicht grade die Kinder baden oder die Hausaufgaben kontrollieren muss, kann, während der Auflauf im Ofen brutzelt, noch einen bunten Salat dazu machen. Vielleicht können die Kinder auch dabei helfen. Das macht Spaß, stärkt das Selbstbewusstsein der Kleinen und die Eltern-Kind-Bindung.

BUNTE EIERPIZZA

30 MIN.

ZUTATEN

- 1 Paprika
- 300 g (TK-)Brokkoli
- 2 Tomaten (alternativ ½ Dose stückige Tomaten; ca. 200 g)
- 1 kleine Zwiebel
- 2 EL Öl
- 150 g Käse (z. B. Mozzarella)
- 8 Eier
- Salz, Pfeffer
- 3 Stängel Basilikum (nach Belieben)

UND SO GEHT'S

Paprika vierteln, putzen, waschen und in Streifen schneiden. Frischen Brokkoli waschen, in Röschen teilen, den Stiel schälen und würfeln. Tomaten waschen, halbieren, von den Stielansätzen befreien und würfeln. Zwiebel schälen und fein hacken.

Öl in einer großen beschichteten Pfanne erhitzen. Zwiebel, Paprika und (TK-)Brokkoli darin 5–7 Minuten anbraten. Käse reiben. Eier in einen hohen Rührbecher aufschlagen, salzen, pfeffern und verquirlen. Tomaten zum Gemüse geben und 1 Minute braten, salzen, pfeffern und mit den Eiern übergießen. Eierpizza zugedeckt bei mittlerer Hitze in ca. 8 Minuten stocken lassen. Käse aufstreuen, Deckel auflegen und den Käse in ca. 4 Minuten schmelzen lassen. Basilikum waschen, trocken schütteln und die Blätter fein schneiden. Die Eierpizza in Stücke teilen, mit Basilikum bestreuen und genießen.

PASTA MIT BASILIKUMPESTO

20 MIN.

ZUTATEN

- 400 g Nudeln (nach Belieben)
- Salz
- 1 Topf Basilikum
- 4 EL Nusskerne
- 6 EL Öl
- Pfeffer
- 40 g Käse (z. B. Parmesan)

UND SO GEHT'S

Die Nudeln nach Packungsanweisung in reichlich kochendem Salzwasser bissfest garen. Die Blätter vom Basilikum abzupfen und waschen. Die Nüsse in einer Pfanne ohne Fett bei mittlerer Hitze rösten. Basilikum, Nüsse und Öl in einem hohen Rührbecher mit dem Stabmixer pürieren. Das Pesto mit Salz und Pfeffer abschmecken.

Den Käse fein reiben. Die Nudeln in ein Sieb abgießen, dabei das Nudelkochwasser auffangen. Die Nudeln zurück in den Topf geben, Pesto und etwas Nudelkochwasser untermischen und nochmals erhitzen. Noch so viel Nudelkochwasser dazugeben, bis die Pasta die richtige Konsistenz hat. Mit Salz und Pfeffer abschmecken und, mit Käse bestreut, genießen.

–TIPP–

Wer Cocktailtomaten zu Hause hat, kann diese halbieren und zu den Nudeln geben. Aber auch gebratener Fisch passt hervorragend zur Pasta. Knoblauch verleiht dem Pesto noch mehr pikante Würze – wer ihn mag, darf gerne 1 Zehe mitpürieren.

BROKKOLI-NUGGETS

mit Eier-Quark-Dip

30 MIN.

ZUTATEN

FÜR DIE NUGGETS

- 800 g (TK-)Brokkoli
- Salz
- 200 g Mehl
- 2 Eier
- Öl zum Frittieren

FÜR DEN DIP

- 2 Eier
- 1 kleine Zwiebel
- 250 g Quark
- 50 g Sahne
- Salz, Pfeffer

UND SO GEHT'S

Für die Nuggets frischen Brokkoli waschen, in Röschen teilen, den Stiel schälen und in grobe Stücke schneiden. (TK-)Brokkoli in kochendem Salzwasser 5 Minuten blanchieren, dann in ein Sieb abgießen, kalt abschrecken und abtropfen lassen.

Für den Dip die Eier in kochendem Wasser 10 Minuten hart kochen. Die Zwiebel schälen und fein hacken. Zwiebel, Quark, Sahne, je 1 Prise Salz und Pfeffer in einer Schüssel verrühren.

Für die Nuggets Mehl, Eier, 1 TL Salz und 150 ml Wasser in einer Rührschüssel mit dem Schneebesen klümpchenfrei verrühren. Einen weiten Topf ca. 2 cm hoch mit Frittieröl füllen und erhitzen. Den Brokkoli portionsweise in den Teig tauchen und die Nuggets im heißen Fett rundherum goldbraun frittieren. Fertige Nuggets mit einem Schaumlöffel aus dem Fett heben, auf Küchenpapier abtropfen lassen und warm stellen, bis alle Nuggets fertig sind.

Die Eier abgießen, kalt abschrecken, schälen und klein würfeln. Die Eiwürfel unter den Quark heben und diesen nochmals mit Salz und Pfeffer abschmecken. Nuggets zusammen mit dem Eier-Quark-Dip anrichten.

–VARIANTE–

Die Nuggets funktionieren natürlich auch mit Blumenkohl, falls Sie den gerade im Haus haben. Auch Fisch- oder Fleischstücke lassen sich mit dem Teig ummanteln und ausbacken. Diese zuvor jedoch in etwas Mehl wenden, damit der Teig besser haftet.

KARTOFFEL-SPINAT-CURRY

mit Ei

30 MIN.

ZUTATEN

- 1 kg vorwiegend festkochende Kartoffeln
- 1 Zwiebel
- 1 EL Öl
- 400 g TK-Blattspinat
- 250 g Sahne
- 2–3 TL Currypulver
- Salz, Pfeffer
- 4 Eier

UND SO GEHT'S

Die Kartoffeln schälen, waschen und in 2 cm große Würfel schneiden. Die Zwiebel schälen und fein würfeln.

Das Öl in einer Pfanne erhitzen. Zwiebel und Kartoffeln darin 2 Minuten anbraten. Den Spinat dazugeben und 2 Minuten mitbraten. Die Sahne und 250 ml Wasser angießen, zum Kochen bringen, mit 2 TL Currypulver, Salz und Pfeffer würzen. Zugedeckt ca. 15 Minuten bei niedriger Hitze köcheln lassen, bis die Kartoffeln gar sind.

Inzwischen die Eier in kochendem Wasser in 7 Minuten wachsweich kochen, dann abschrecken und schälen.

Das Curry nochmals mit Salz, Pfeffer und Currypulver abschmecken und auf vier Schalen verteilen. Die Eier halbieren und auf jede Curryportion 1 Ei legen, salzen, pfeffern und los löffeln.

–TIPP–

Wer etwas mehr Zeit hat, kann die Eier auch pochieren – dabei die Kinder gerne mithelfen lassen. In einem großen Topf 2 l Wasser und 3 EL Essig bis kurz vor dem Siedepunkt erhitzen. 1 Ei in eine Tasse aufschlagen. Mit einem Kochlöffel im Kochtopf einen Strudel erzeugen und das Ei vorsichtig aus der Tasse in die Mitte des Strudels gleiten lassen. Bei mittlerer Hitze 3–4 Minuten garen, mit einer Schaumkelle herausheben und in einer Schüssel mit warmem Salzwasser warm halten. Mit den restlichen Eiern genauso verfahren.

YOU ARE
not
I
love
YOU!

STRAMMES MÄXLE

25 MIN.

ZUTATEN

- 4 große Scheiben Brot
- 2 Paprika
- 2 EL Öl
- Salz, Pfeffer
- 4 Scheiben Käse
- 4 Eier

UND SO GEHT'S

Den Backofen auf 200 °C (Ober-/Unterhitze) vorheizen. Die Brote toasten und auf ein mit Backpapier belegtes Blech legen.

Die Paprika halbieren, putzen, waschen und klein würfen. 1 EL Öl in einer beschichteten Pfanne erhitzen. Die Paprika darin 3–4 Minuten dünsten und mit je 1 Prise Salz und Pfeffer würzen. Das Paprikagemüse auf den Broten verteilen und mit dem Käse belegen. Die Brote im heißen Ofen (Mitte) 10–15 Minuten überbacken, bis der Käse geschmolzen und leicht gebräunt ist. Inzwischen das restliche Öl (1 EL) in der Pfanne erhitzen und die Eier darin zu Spiegeleiern braten, salzen und pfeffern und auf die überbackenen Brote legen.

BROKKOLI-QUICHE

15 MIN.
+ 30 MIN. BACKEN

ZUTATEN

- 600 g (TK-)Brokkoli
- Salz
- 2 EL Öl plus 1 TL für die Form
- 200 g Sahne
- 4 Eier
- Pfeffer
- 100 g Käse
- 200 g Brot

AUSSERDEM

- Tarteform (24 cm Ø)

UND SO GEHT'S

Den Backofen auf 200 °C (Ober-/Unterhitze) vorheizen. Den frischen Brokkoli waschen und in Röschen teilen, den Stiel schälen und in Stücke schneiden. (TK-)Brokkoli in kochendem Salzwasser 4 Minuten blanchieren, dann in ein Sieb abgießen, kalt abschrecken und abtropfen lassen.

Eine Tarteform (24 cm Ø) mit 1 TL Öl fetten. Sahne, Eier, je 1 Prise Salz und Pfeffer in einem hohen Rührbecher verquirlen. Den Käse reiben. Das Brot in 1–2 cm große Würfel schneiden, in einer Schüssel mit dem restlichen Öl (1 EL) mischen. Brokkoli und Käse in die Form geben, den Eierguss darauf verteilen und die Brotwürfel obendrauf streuen. Die Quiche im heißen Ofen (Mitte) 30 Minuten backen, bis der Guss gestockt ist und die Brotwürfel schön knusprig sind.

–VARIANTE–

Schinken oder Salami im Haus, aber keine Paprika? Dann darf die Wurst das Gemüse auch mal ersetzen. Vielleicht findet sich ja noch etwas Gurke oder Möhre, die man als Rohkoststicks dazu knabbern kann. Wer noch etwas Zeit hat, kann auch einen bunten Salat zubereiten.

VEGGIE-FLAMMKUCHEN

mit Paprika und Zwiebel

20 MIN.
+10 MIN. BACKEN PRO BLECH

ZUTATEN

- 300 g Mehl plus etwas mehr zum Arbeiten
- 6 EL Öl plus 1 EL zum Beträufeln
- Salz
- 200 g Quark
- 2 EL Sahne
- Pfeffer
- 60 g Käse
- 1 Zwiebel
- 1 Paprika

UND SO GEHT'S

Auf der untersten Schiene des Backofens ein Blech einschieben und den Ofen auf 250 °C (Ober-/Unterhitze) vorheizen. Mehl, 6 EL Öl, ½ TL Salz und 200 ml Wasser mit den Knethaken des Handrührgeräts zu einem glatten Teig verkneten.

Quark, Sahne, je 1 Prise Salz und Pfeffer in einer Schüssel verrühren. Den Käse reiben. Die Zwiebel schälen, halbieren und in dünne Scheiben schneiden. Die Paprika halbieren, putzen, waschen und in kleine Würfel schneiden.

Den Teig halbieren und jede Hälfte auf etwas Mehl zu einem sehr dünnen Fladen ausrollen. Jeden Fladen auf einen Bogen Backpapier legen. Einen Fladen samt Papier auf ein umgedrehtes Backblech oder einen Pizzaschieber legen, mit der Hälfte der Quarkmasse bestreichen und mit je der Hälfte Zwiebel, Paprika und Käse bestreuen.

½ EL Öl darüberträufeln und den Flammkuchen samt Papier auf das heiße Blech im Ofen gleiten lassen. Den Flammkuchen in 10–12 Minuten knusprig backen, dann aus dem Ofen holen, in Stücke schneiden, nach Belieben mit Pfeffer bestreuen und von der Hand in den Mund genießen. Den zweiten Flammkuchen auf die gleiche Weise zubereiten, während der erste gegessen wird.

-VARANTE-

An Käse können Sie nehmen, was das Herz begehrt: Mozzarella, Feta, Gorgonzola, Brie, Bergkäse … Statt Quark eignen sich natürlich auch Schmand, Crème fraîche oder Frischkäse. Und on top schmeckt der Flammkuchen mit Räucherlachs, Schinkenwürfeln, dünnen Kürbisstreifen, Birne, Feige, Zucchini, Frühlingszwiebeln, Lauch … Überlegen Sie sich zusammen mit der Familie tolle Kombinationen!

KÄSESPÄTZLE

mit Röstzwiebeln

25 MIN.

ZUTATEN

- 500 g Mehl plus 1 TL zum Bestäuben
- 5 Eier
- Salz
- 3 EL Öl plus 250 ml zum Braten
- 2 große Zwiebeln
- 350 g Käse (z. B. Romadur)
- Pfeffer

UND SO GEHT'S

500 g Mehl, Eier, 1 TL Salz und 1 EL Öl in einer Rührschüssel mit einem Kochlöffel verrühren, dabei nach und nach ca. 150–200 ml Wasser dazugeben, bis ein klümpchenfreier, zähflüssiger Teig entstanden ist.

Die Zwiebeln schälen, längs halbieren und in dünne Halbringe schneiden. Leicht salzen und mit Mehl bestäuben. In einem kleinen Topf 250 ml Öl stark erhitzen und die Zwiebeln darin portionsweise goldbraun und knusprig braten. Die gerösteten Zwiebeln mit zwei Gabeln aus dem Öl heben und auf Küchenpapier abtropfen lassen.

Den Käse klein würfeln. Reichlich Salzwasser in einem großen Topf zum Kochen bringen. 2 EL Öl in einer beschichteten Pfanne bei niedriger Hitze erwärmen. Sobald das Salzwasser kocht, den Spätzleteig mithilfe eines Spätzlehobels portionsweise in den Topf schaben. Wenn die Spätzle an die Wasseroberfläche steigen, diese mit einem Schaumlöffel aus dem Topf in die Pfanne heben. Den Käse darauf verteilen und die nächste Portion Spätzle kochen.

Wenn alle Spätzle in der Pfanne sind, den Deckel auflegen und den Käse in ca. 5 Minuten vollständig schmelzen lassen. Die Spätzle mit einem Teigschaber vermischen, sodass der Käse schöne Fäden zieht, mit Pfeffer übermahlen und mit Röstzwiebeln toppen. Dazu passt Salat.

BROTKNÖDEL

mit Rahmspinat

30 MIN.

ZUTATEN

- 300 g Brot oder Brötchen (vom Vortag)
- 250 g Sahne
- Salz
- 1 Zwiebel
- 4 EL Öl
- 2 Eier
- 2 EL Mehl
- Pfeffer
- 600 g TK-Spinat

UND SO GEHT'S

Das Brot in kleine dünne Scheiben oder Würfel schneiden und in eine Schüssel geben. Mit 50 g Sahne und 100 ml Wasser übergießen und kurz ruhen lassen. In einem großen Topf reichlich Salzwasser zum Kochen bringen.

Inzwischen die Zwiebel schälen und in kleine Würfel schneiden. 3 EL Öl in einer Pfanne erhitzen und die Hälfte der Zwiebel darin glasig dünsten. Gedünstete Zwiebel, Eier, Mehl, je 1 Prise Salz und Pfeffer zum Brot geben und alles mit den Händen gründlich zu einem Teig verkneten.

Mit angefeuchteten Händen aus dem Teig 8 gleichgroße Knödel formen. Die Knödel ins kochende Wasser geben und in ca. 15 Minuten bei niedriger Hitze zugedeckt gar ziehen lassen. Das Wasser soll jetzt nicht mehr kochen, nur noch sieden.

Während die Knödel garen, das restliche Öl (1 EL) in der Pfanne erhitzen und die restliche Zwiebel darin 2 Minuten andünsten. Den Spinat dazugeben und in ca. 5 Minuten auftauen und erhitzen. Die restliche Sahne (200 g) dazugeben und zum Kochen bringen. Den Spinat offen noch etwa 5 Minuten köcheln lassen, dann mit Salz und Pfeffer würzen und warm halten, bis die Knödel fertig sind.

Brotknödel mit Rahmspinat auf Tellern anrichten.

–TIPP–
Wer mag, kann die Knödel noch mit geriebenem Käse bestreuen oder, was auch sehr lecker ist, in die Mitte jedes Knödels einen Käsewürfel stecken.

KASPRESSKNÖDEL

mit Tomaten-Gemüse-Sauce

30 MIN.

ZUTATEN

- 300 g Brot oder Brötchen (vom Vortag)
- 50 g Sahne
- 100 g Käse
- 1 Zwiebel
- 4 EL Öl plus 100 ml zum Braten
- 2 Eier
- 2 EL Mehl
- Salz, Pfeffer
- 700 g TK-Gemüsemischung
- 1 Dose stückige Tomaten (400 g Füllgewicht; alternativ 5 klein gewürfelte Tomaten)

UND SO GEHT'S

Das Brot in dünne Scheiben oder kleine Würfel schneiden und in eine Schüssel geben. Mit Sahne und 100 ml Wasser übergießen und kurz ruhen lassen. Den Käse grob reiben.

Die Zwiebel schälen und klein würfeln. 3 EL Öl in einer beschichteten Pfanne erhitzen und die Hälfte der Zwiebel darin glasig dünsten. Gedünstete Zwiebel, Käse, Eier, Mehl, je 1 Prise Salz und Pfeffer zum Brot geben und mit den Händen zu einem Teig verkneten.

1 EL Öl in einer Pfanne erhitzen und die restliche Zwiebel darin 2 Minuten andünsten. Die Gemüsemischung und die Tomaten dazugeben. Das Gemüse mit Salz und Pfeffer würzen, zum Kochen bringen und zugedeckt bei mittlerer Hitze ca. 8 Minuten köcheln lassen.

Mit angefeuchteten Händen aus dem Teig 8 kleine Knödel formen. 100 ml Öl in der beschichteten Pfanne erhitzen und die Knödel darin bei hoher Hitze auf jeder Seite knusprig und goldbraun braten.

Das Gemüse nochmals mit Salz und Pfeffer abschmecken und zusammen mit den Knödeln auf Tellern anrichten.

–VARIANTE–

Wer noch Zucchini und Paprika im Vorrat hat, würfelt beides und ersetzt damit die Gemüsemischung in der Pfanne. Zusammen mit ein paar Oliven und mediterranen Kräutern wird das Gemüse zum köstlichen Ratatouille.

BRATKARTOFFELN

mit Spiegelei

25 MIN.

ZUTATEN

- 1 kg Pellkartoffeln (vom Vortag)
- 1 Zwiebel
- 4 EL Öl
- Salz, Pfeffer
- 6 Eier

UND SO GEHT'S

Den Backofen auf 80 °C (Ober-/Unterhitze) vorheizen.

Die Kartoffeln pellen, längs halbieren und quer in ca. 1 cm dicke Scheiben schneiden. Die Zwiebel schälen und in kleine Würfel schneiden.

3 EL Öl in einer beschichteten Pfanne erhitzen und die Kartoffelscheiben darin in ca. 10 Minuten von allen Seiten knusprig anbraten. Die Zwiebel dazugeben und 2 Minuten mitbraten. Die Kartoffel-Zwiebel-Mischung salzen und pfeffern. Bratkartoffeln aus der Pfanne in eine Schüssel heben und im vorgeheizten Backofen warm halten.

Das restliche Öl (1 EL) in die Pfanne geben und die Eier darin zu Spiegeleiern braten. Mit Salz und Pfeffer würzen und mit den Bratkartoffeln auf Tellern anrichten.

–VARIANTE–

Wer keine Pellkartoffeln vorrätig hat, der kann auch Bratkartoffeln vom Blech machen. Dafür den Backofen auf 220 °C (Ober-/Unterhitze) vorheizen. Die Kartoffeln gründlich waschen, achteln und mit 2 EL Öl und Salz mischen. 1 Zwiebel schälen und in Spalten schneiden. Kartoffeln und Zwiebel auf einem mit Öl bestrichenen Backblech verteilen und im vorgeheizten Backofen 25 Minuten backen.

–TIPP–

Wer noch andere Gemüsereste daheim hat, kann diese auch in Stücke schneiden, anbraten und unter die Bratkartoffeln mischen. Sehr gut passen zum Beispiel Lauch, Pilze, Zucchini, Paprika oder Kürbis.

KÄSE-OMELETT

mit lauwarmem Gemüsesalat

30 MIN.

ZUTATEN

- 2 Paprika
- 500 g (TK-)Brokkoli
- 1 Zwiebel
- 4 EL Öl
- 2 EL Essig
- ½ TL Zucker
- Salz, Peffer
- 6 Eier
- 50 g Sahne
- 150 g Käse

UND SO GEHT'S

Die Paprika vierteln, putzen, waschen und quer in dünne Streifen schneiden. Frischen Brokkoli waschen, in Röschen teilen, den Stiel schälen und in Stücke schneiden. Die Zwiebel schälen und in Spalten schneiden. 1 EL Öl in einer großen beschichteten Pfanne erhitzen. Zwiebel, (TK-) Brokkoli und Paprika darin 10–15 Minuten bei hoher Hitze anbraten, dabei immer wieder umrühren. Das Gemüse soll gar und leicht gebräunt sein.

Inzwischen Essig, Zucker, je 1 Prise Salz und Pfeffer sowie 2 EL Öl in einer Tasse zu einem Dressing verrühren. Das Gemüse aus der Pfanne in eine Salatschüssel geben, mit dem Dressing mischen und durchziehen lassen, bis das Omelett fertig ist.

Für das Omelett die Eier in einen hohen Rührbecher aufschlagen, Sahne, je 1 Prise Salz und Pfeffer dazugeben und verquirlen. Den Käse grob raspeln.

Das restliche Öl (1 EL) in der Pfanne erhitzen, die Eier-Sahne-Mischung hineingießen und bei mittlerer bis hoher Hitze braten, bis das Ei fast komplett gestockt ist. Den Käse auf eine Omeletthälfte streuen. Mit einem Pfannenwender die andere Hälfte über den Käse klappen und das Omelett bei niedriger bis mittlerer Hitze weiterbraten, bis der Käse geschmolzen ist. Das Omelett in vier Stücke teilen und mit dem lauwarmem Salat auf Tellern anrichten.

–TIPP–

Für den Gemüsesalat können Sie auch jede beliebige TK-Gemüsemischung nehmen – am besten zu ungewürzten Varianten greifen, die keine künstlichen Zusatzstoffe enthalten. Selbstverständlich darf in den Salat auch jedes andere Gemüse, das Sie im Vorrat haben.

ASIA-RÜHREI

15 MIN.

ZUTATEN

- 8 Eier
- Salz, Pfeffer
- 1 TL Currypulver
- 2 EL Öl
- 800 g TK-Gemüsemischung (z. B. Wok-Gemüsemischung)

UND SO GEHT'S

Die Eier in einen hohen Rührbecher aufschlagen und mit je 1 Prise Salz und Pfeffer sowie Currypulver verquirlen.

1 EL Öl in einer beschichteten Pfanne erhitzen, die Eier hineingießen und bei mittlerer Hitze stocken lassen, dabei immer wieder mit einem Pfannenwender vom Rand zur Pfannenmitte schieben. Wenn das Rührei gestockt ist, dieses aus der Pfanne heben und warm halten (am besten im Backofen, auf 80 °C (Ober-/Unterhitze) vorgeheizt, oder zwischen zwei vorgewärmten Tellern).

Das restliche Öl (1 EL) in die Pfanne geben und die Gemüsemischung darin bei hoher Hitze in 7–10 Minuten auftauen und anbraten. Mit Salz und Pfeffer abschmecken und mit dem Rührei auf Tellern anrichten.

GRÜNE SHAKSHUKA

30 MIN.

ZUTATEN

- 400 g vorwiegend festkochende Kartoffeln
- 1 Zwiebel
- 2 EL Öl
- 500 g TK-Blattspinat
- 1 Dose stückige Tomaten (400 g Füllgewicht; alternativ 5 klein gewürfelte Tomaten)
- Salz, Pfeffer
- 4 Eier

UND SO GEHT'S

Den Backofen auf 200 °C (Ober-/Unterhitze) vorheizen. Die Kartoffeln schälen, waschen und in 1 cm große Würfel schneiden. Die Zwiebel schälen und fein hacken.

1 EL Öl in einer großen beschichteten Pfanne (32 cm Ø) erhitzen und die Kartoffeln darin 5 Minuten bei mittlerer bis hoher Hitze anbraten. Die Zwiebel und den Spinat dazugeben und bei hoher Hitze ca. 5 Minuten braten. Die Tomaten dazugeben, salzen, pfeffern und zum Kochen bringen. Das Gemüse bei mittlerer Hitze ca. 5 Minuten köcheln lassen, dann vier kleine Mulden in das Gemüse formen und in jede Mulde ein Ei aufschlagen. Die Shakshuka im heißen Ofen (Mitte) ca. 10 Minuten backen, bis die Eier gestockt sind. Die Eier salzen und pfeffern und die Shakshuka in der Pfanne servieren.

STAUB

MINI-KARTOFFELPIZZEN

Margherita-Style

15 MIN.
+30 MIN. BACKEN

ZUTATEN

- 8 mittelgroße, festkochende Kartoffeln
- 2 EL Öl
- Salz
- 1 Dose stückige Tomaten (400 g Füllgewicht)
- Pfeffer
- 120 g Käse (z. B. Mozzarella)
- ½ Topf Basilikum

UND SO GEHT'S

Den Backofen auf 200 °C (Ober-/Unterhitze) vorheizen und ein Backblech mit Backpapier belegen. Die Kartoffeln schälen, waschen und längs in ca. 1 cm dicke Scheiben schneiden. Die Kartoffelscheiben auf das Blech legen, mit 1 EL Öl bepinseln, leicht salzen und im heißen Ofen (Mitte) 15 Minuten backen.

Inzwischen die Tomaten, je 1 Prise Salz und Pfeffer in einer Schüssel verrühren. Den Käse grob raspeln. Basilikumblätter von den Stielen zupfen, waschen, trocken tupfen und nach Belieben in Streifen schneiden.

Die Kartoffelscheiben nach der Backzeit aus dem Ofen holen, mit Tomatensauce bestreichen, mit Käse bestreuen und mit dem restlichen Öl (1 EL) beträufeln. Im heißen Ofen (Mitte) weitere 15 Minuten backen. Die fertigen Kartoffelpizzen mit Basilikum bestreuen.

–TIPP–

Diese Margherita-Variante hat natürlich noch jede Menge Luft nach oben. Sie können die Kartoffelscheiben ganz nach Lust, Laune und persönlichen Geschmacksvorlieben belegen: Thunfisch, Salami, Schinken, Mais, Oliven, Artischocken, Peperoni, Spinat, Zucchini, Sardellen, Kapern, Knoblauch, Zwiebeln, Meeresfrüchte ... Alles, was beim Italiener auf die Pizza kommt, darf natürlich auch auf die Kartoffelpizza!

GEMÜSEPUFFER
mit Paprika-Dip

30 MIN.

ZUTATEN
- 400 g (TK-)Brokkoli
- 600 g festkochende Kartoffeln
- 1 Zwiebel
- 1 Paprika
- 250 g Quark
- 2–3 EL Sahne
- Salz, Pfeffer
- 2 Eier
- 50 g Mehl
- Öl zum Braten

UND SO GEHT'S
Den Backofen auf 80 °C (Ober-/Unterhitze) vorheizen. TK-Brokkoli auftauen lassen oder frischen Brokkoli waschen, in Stücke teilen und den Stiel schälen. Kartoffeln schälen und waschen. Zwiebel schälen. Zwiebel, Kartoffeln und Brokkoli mit einem Blitzhacker oder einer Reibe fein raspeln.

Für den Dip die Paprika halbieren, putzen, waschen und in kleine Würfel schneiden. 200 g Quark, Sahne, Paprika, je 1 Prise Salz und Pfeffer zu einem Dip verrühren. Den Dip durchziehen lassen, bis die Puffer fertig sind.

Das Wasser, das sich in der Brokkoli-Kartoffel-Mischung angesammelt hat, abgießen und das Gemüse mit den Händen ausdrücken. Restlichen Quark (50 g), Eier, Mehl, je 1 Prise Salz und Pfeffer zur Brokkoli-Kartoffel-Mischung geben und mit einem Kochlöffel gut verrühren.

In zwei beschichteten großen Pfannen je ca. 3 EL Öl erhitzen. Mit einem Esslöffel vom Pufferteig Häufchen mit genügend Abstand in die Pfanne setzen und flach drücken. Die Puffer bei mittlerer bis hoher Hitze auf der Unterseite knusprig anbraten, dann wenden und goldbraun braten. Aus der Pfanne heben und im vorgeheizten Ofen warm halten. Aus dem restlichen Teig weitere Puffer ausbacken. Die Gemüsepuffer mit Paprika-Dip servieren.

–TIPP–

Nach 30 Minuten ist die erste Fuhre Puffer auf jeden Fall auf dem Teller. Dazu sollten Sie aber eine Küchenmaschine haben, die ganz schnell das Gemüse für Sie raspelt. Wer mit der Handreibe loslegt, braucht auf jeden Fall etwas länger. Dafür bietet das Rasplen mit der Hand eine gute Gelegenheit, den Ärger, der sich über den Tag gegebenenfalls angestaut hat, abzubauen.

BRUSCHETTA

20 MIN.

ZUTATEN

- 1 Zwiebel
- 4 Tomaten (alternativ 1 Dose Kirschtomaten bzw. stückige Tomaten; 400 g Füllgewicht)
- 5 Stängel Basilikum
- 4 EL Öl
- Salz, Pfeffer
- Zucker (nach Belieben)
- 8 dünne Scheiben Brot

UND SO GEHT'S

Die Zwiebel schälen und fein hacken. Die Tomaten waschen, halbieren, von den Stielansätzen befreien und in ca. 1 cm große Würfel schneiden. Basilikum waschen, trocken schütteln, die Blätter von den Stielen zupfen und in feine Streifen schneiden. Tomaten, Zwiebel, Basilikum und 2 EL Öl in einer Schüssel mischen und mit je 1 Prise Salz, Pfeffer und, nach Belieben, Zucker abschmecken.

Die Brotscheiben in einer beschichteten Pfanne in zwei Portionen bei mittlerer bis hoher Hitze knusprig anrösten, dann auf eine Platte legen und mit 2 EL Öl beträufeln. Die Tomatenmischung darauf häufen und noch warm genießen.

NUDELN MIT TOMATEN-SAHNE-SAUCE

15 MIN.

ZUTATEN

- 500 g Nudeln (nach Belieben)
- Salz
- 1 Zwiebel
- 1 EL Öl
- 1 Dose stückige Tomaten (400 g Füllgewicht; alternativ 5 klein gewürfelte Tomaten)
- 200 g Sahne
- Pfeffer
- 60 g Käse (z. B. Parmesan)

UND SO GEHT'S

Die Nudeln nach Packungsanweisung in kochendem Salzwasser bissfest garen.

Inzwischen die Zwiebel schälen und fein hacken. Das Öl in einem Topf erhitzen und die Zwiebel darin glasig dünsten. Die Tomaten und die Sahne zugeben und zum Kochen bringen. Die Sauce bei mittlerer Hitze 5 Minuten köcheln lassen, dann nach Belieben mit dem Stabmixer pürieren und mit Salz und Pfeffer abschmecken.

Den Käse fein reiben. Die Nudeln in ein Sieb abgießen und abtropfen lassen, dann mit Tomaten-Sahne-Sauce auf Tellern anrichten und, mit dem Käse bestreut, servieren.

-TIPP-

Tomaten-Sahne-Sauce? Sie denken sicher: Da wäre ich auch selbst drauf gekommen. Aber in der Hektik sieht man manchmal ja den Wald vor lauter Bäumen nicht mehr. Und soll ich Ihnen was verraten, es geht auch noch einfacher. Ein Kinderhit, bei dem alle Zuckerphobiker besser hinweglesen: 5 EL Ketchup mit 200 g Sahne zum Kochen bringen, mit Salz, Pfeffer und getrocknetem Thymian oder Oregano würzen. Fertig! Noch eine kleine Knabber-Rohkost dazu, dann sieht das Ganze schon wieder ausgewogener aus.

FRUCHTIGER CRUMBLE

mit Sahne-Topping

30 MIN.
+40 MIN. BACKEN

ZUTATEN

- 70 g Nusskerne
- 80 g Zucker
- 100 g Mehl
- 50 ml neutrales Rapsöl
- 1,2 kg Äpfel
- 200 g Sahne

AUSSERDEM

- Auflaufform
  (ca. 20 × 30 cm; alternativ eine Tarteform, 28 cm Ø)

UND SO GEHT'S

Den Backofen auf 180 °C (Ober-/Unterhitze) vorheizen. Die Nüsse im Blitzhacker fein hacken. 40 g Zucker, Mehl, Nüsse und das Öl in eine Rührschüssel geben und mit den Händen zu Streuseln verkneten. Wenn diese noch zu trocken sind, esslöffelweise Öl dazugeben, dann die Streusel kalt stellen.

Die Äpfel schälen, vierteln, von den Kerngehäusen befreien und in dünne Scheiben schneiden. Äpfel, 20 g Zucker und 100 ml Wasser in einen Topf geben, zum Kochen bringen und bei mittlerer Hitze zugedeckt ca. 4 Minuten dünsten. Dann aus dem Topf in die Auflauf- oder Tarteform heben und mit ca. 6 EL Dünstflüssigkeit beträufeln. Die Streusel auf die Äpfel streuen und den Crumble im heißen Backofen (unten) ca. 40 Minuten backen.

Kurz vor Ende der Backzeit die Sahne mit dem restlichen Zucker (20 g) steif schlagen. Den Crumble zusammen mit der Sahne auf den Tisch stellen und genießen.

–VARIANTE–

Auch Sahnejoghurt, mit etwas Honig oder Zucker verrührt, schmeckt gut als Topping auf dem Crumble. Oder der Nussquark von Seite 120.
Birnen, Zwetschgen, Aprikosen, Beeren oder Rhabarber sind ein toller Ersatz für die Äpfel, wenn sie gerade Saison haben.

APFELKÜCHLEIN

mit Nussquark

30 MIN.

ZUTATEN

FÜR DIE KÜCHLEIN

- 170 g Mehl
- 35 g Zucker plus etwas mehr zum Bestreuen
- Salz
- 2 Eier
- 50 g Sahne
- 4 Äpfel (ca. 600 g)
- Öl zum Braten

FÜR DEN NUSSQUARK

- 50 g Nusskerne
- 250 g Quark
- 2 EL Zucker
- 2 EL Sahne

UND SO GEHT'S

Den Backofen auf 80 °C (Ober-/Unterhitze) vorheizen.

Für die Küchlein Mehl, Zucker, 1 Prise Salz und die Eier in einer Rührschüssel mit den Rührbesen des Handrührgeräts verrühren. Langsam die Sahne und 80 ml Wasser zulaufen lassen und weiterrühren, bis ein klümpchenfreier Teig entstanden ist. Den Teig ruhen lassen, während die Äpfel vorbereitet werden.

Die Äpfel schälen, mit einem Kernausstecher die Kerngehäuse entfernen und die Äpfel in etwa 1 cm dicke Ringe schneiden. In einer großen Pfanne reichlich Öl erhitzen. Die Apfelringe in den Teig tauchen, sodass sie rundum ummantelt sind, abtropfen lassen und portionsweise im heißen Fett auf jeder Seite goldbraun braten. Bei Bedarf Öl nachgießen und erhitzen, bevor die nächste Portion Apfelringe in die Pfanne kommt. Die fertig gebackenen Apfelküchlein im vorgeheizten Backofen warmhalten.

Währenddessen für den Nussquark die Nüsse nach Belieben in einer Pfanne ohne Fett bei mittlerer Hitze rösten, kurz abkühlen lassen, dann grob hacken. Quark, Zucker und Sahne in einer Schüssel verrühren, einen Teil der Nüsse unterheben, den Rest obendrauf streuen.

Die Küchlein mit Zucker bestreuen und zusammen mit dem Nussquark genießen.

QUARKKÜCHLEIN

mit Zuckerstaub

30 MIN.

ZUTATEN

- 750 g Quark
- 3 Eigelbe
- 80 g Zucker plus etwas mehr zum Bestreuen
- Salz
- 200 g Mehl plus etwas mehr zum Arbeiten
- 3–4 EL Öl zum Braten

UND SO GEHT'S

Den Backofen auf 80 °C (Ober-/Unterhitze) vorheizen.

Quark, Eigelbe, Zucker, 2 Prisen Salz und das Mehl in einer Rührschüssel mit den Knethaken des Handrührgeräts verkneten. Den Teig auf die bemehlte Arbeitsfläche geben, mit Mehl bestäuben, in 12 Portionen teilen und diese mit bemehlten Händen zu 12 runden Küchlein formen.

Das Öl in einer beschichteten Pfanne erhitzen. Die Quarkküchlein darin portionsweise bei mittlerer Hitze auf beiden Seiten in je 2–3 Minuten goldbraun braten. Fertige Küchlein aus der Pfanne nehmen und im vorgeheizten Backofen warmhalten, bis alle Küchlein fertig sind. Pur, mit etwas Zucker bestreut, genießen oder mit einer fruchtigen Beilage servieren (siehe Tipps).

–TIPP–

Zu den Quarkküchlein passt Apfelmus oder Fruchtmark aus dem Glas. Im Sommer schmecken auch frische Erdbeeren ganz toll dazu – entweder zu einer Sauce püriert oder in kleine Stücke geschnitten. Wer Rosinen oder getrocknete Cranberrys mag, darf 4 EL von den Trockenfrüchten unter den Quarkteig heben.

–TIPP–

Wer noch 10 Minuten mehr Zeit hat, kann das Apfelmus auch selbst kochen: Dafür 1 kg Äpfel vierteln, schälen, von den Kerngehäusen befreien und in einen Topf geben. 100 ml Wasser und 2 EL Zucker dazugeben und in ca. 15 Minuten bei mittlerer bis hoher Hitze kochen. Dann pürieren und nach Belieben mit Zimt abschmecken.

BRATÄPFEL

mit Nüssen und Sahne

15 MIN.
+35 MIN. BACKEN

ZUTATEN

- 2 TL Öl
- 4 große Äpfel
- 1–2 Scheiben Brot (50 g; frisch oder altbacken)
- 100 g Nusskerne
- 50 g Zucker
- 250 g Sahne

AUSSERDEM

- Auflaufform (ca. 25 × 20 cm)

UND SO GEHT'S

Den Backofen auf 200 °C (Ober-/Unterhitze) vorheizen. Die Auflaufform mit 1 TL Öl auspinseln.

Die Äpfel waschen und mit einem Kernausstecher die Kerngehäuse entfernen. Die Öffnung mit einem scharfen Messer noch etwas vergrößern und das abgeschnittene Apfelfruchtfleisch fein würfeln.

Das Brot fein zerkrümeln und die Nüsse im Blitzhacker oder mit dem Messer grob hacken. Apfelwürfel, Brotkrümel, Nüsse, Zucker und 3 EL Sahne in einer Schüssel gründlich mischen. Die Äpfel in die Auflaufform setzen und mit der Nuss-Brot-Mischung füllen. Die Füllung darf dabei oben als Häubchen aus den Äpfeln herausschauen.

Die restliche Sahne rund um die Äpfel in die Form gießen und die Äpfel im heißen Ofen (Mitte) ca. 35 Minuten backen, bis sie weich sind. Die Bratäpfel in tiefe Teller setzen, mit der Sahnesauce umgießen und schlemmen.

–TIPP–

Sehr lecker zu den Bratäpfeln schmeckt auch Vanilleeis oder selbst gemachte Vanillesauce (siehe Variante). Dann die Sahne einfach durch Apfelsaft ersetzen.

–VARIANTE–

Für Vanillesauce 3 Eigelbe und 50 g Zucker in einer Rührschüssel mit den Rührbesen des Handrührgeräts cremig aufschlagen. In einem Topf Schote und Mark von ½ Vanilleschote oder ½ TL gemahlene Vanille mit 500 ml Milch zum Kochen bringen. Die Schote entfernen und die heiße Vanillemilch unter die Eigelbcreme rühren. Die Mischung zurück in den Topf geben und bei niedriger Hitze unter ständigem Rühren erwärmen, bis die Sauce leicht andickt.

SÜSSE NUDELN

mit gerösteten Nüssen

25 MIN.

ZUTATEN

- 400 g kurze Nudeln
- Salz
- 4 große Äpfel
- 50 g Nusskerne
- 4 EL Öl
- 80 g Zucker

UND SO GEHT'S

Die Nudeln nach Packungsanweisung in reichlich kochendem Salzwasser bissfest garen. Dann die Nudeln in ein Sieb abgießen und abtropfen lassen.

Inzwischen die Äpfel vierteln, schälen, von den Kerngehäusen befreien und quer in dünne Scheiben schneiden. Die Nüsse grob hacken und in einer beschichteten Pfanne ohne Fett bei mittlerer Hitze unter Rühren rösten, dann auf einen Teller zum Abkühlen geben.

Das Öl in der Pfanne erhitzen. Die Äpfel darin 4 Minuten anbraten, dann 60 g Zucker darüber streuen und karamellisieren lassen. Die Nudeln zugeben und untermischen.

Die Nudel-Apfel-Mischung auf Teller verteilen, mit dem restlichen Zucker und den gerösteten Nüssen bestreuen.

–TIPP–

Zimtzucker passt noch besser zum Bestreuen der süßen Nudeln. Statt der gebratenen Äpfel passt auch Apfelmus, Fruchtmark aus dem Glas oder Kompott als Obstzutat dazu.

SAHNEREIS
mit Crunch

30 MIN.

ZUTATEN

- 250 g Rundkornreis (z. B. Risotto- oder Milchreis)
- 250 g Sahne
- 80 g Nusskerne
- 4 Äpfel
- 60 g Zucker

UND SO GEHT'S

Reis, Sahne und 750 ml Wasser in einem Topf zum Kochen bringen. Den Reis bei niedriger Hitze ca. 25 Minuten ausquellen lassen, dabei immer wieder umrühren.

Inzwischen die Nüsse grob hacken und nach Belieben in einer beschichteten Pfanne ohne Fett unter Rühren anrösten, dann auf einen Teller zum Abkühlen geben.

Die Äpfel vierteln, schälen, von den Kerngehäusen befreien und in kleine Würfel schneiden. Etwa 15 Minuten vor Garzeitende des Reis, die Äpfel unterheben und mitgaren.

Den Zucker unter den fertigen Sahnereis heben. Den Reis auf Tellern anrichten und mit den Nüssen bestreuen.

–TIPP–

Statt der Sahne-Wasser-Mischung können Sie natürlich auch 1 l Milch verwenden, dann entsteht ein klassischer Milchreis. Auch beim Obst dürfen Sie gerne improvisieren: Birnen, Kirschen, Pfirsiche, Beeren – alles geht. Wer das Obst lieber roh dazu servieren mag, darf das natürlich auch gerne tun – zum Beispiels als bunt gemischten Obstsalat!

SCHEITERHAUFEN

mit Äpfeln

15 MIN.
+45 MIN. BACKEN

ZUTATEN

- 1 TL Öl
- 300 g Brot (am besten Weiß- oder Toastbrot)
- 500 g Äpfel
- 125 g Sahne
- 2 Eier
- 80 g Zucker

AUSSERDEM

- Auflaufform (ca. 25 × 20 cm)

UND SO GEHT'S

Den Backofen auf 200 °C (Ober-/Unterhitze) vorheizen und die Auflaufform mit Öl auspinseln.

Das Brot in dünne Scheiben schneiden. Die Äpfel vierteln, schälen, von den Kerngehäusen befreien und in dünne Scheiben schneiden.

Sahne, 125 ml Wasser, Eier und Zucker in einem hohen Rührbecher verquirlen. Die Hälfte der Brotscheiben in die Auflaufform schichten und mit der Hälfte der Eier-Sahne-Mischung übergießen.

Die Apfelspalten darauf verteilen, dann die restlichen Brotscheiben daraufschichten und den Auflauf mit der restlichen Eier-Sahne-Mischung übergießen. Den Scheiterhaufen im heißen Ofen (unten) in 40–45 Minuten goldgelb überbacken.

–VARIANTE–

Dazu schmeckt Vanillejoghurt, -sauce oder -eis richtig gut. Statt Äpfeln können Sie auch Birnen oder Kirschen verwenden. Wem die Backzeit zu lang ist, der macht stattdessen Arme Ritter. Die Toastbrotscheiben einzeln in der Eier-Sahne-Mischung wenden, in einer beschichteten Pfanne in 3–4 EL erhitztem Öl von jeder Seite goldbraun anbraten. Arme Ritter mit (Zimt-)Zucker bestreuen und mit Apfelmus, Kompott oder Obstsalat vernaschen.

STAUB

QUARKAUFLAUF

mit Puderzucker

20 MIN.
+1 STD. BACKEN

ZUTATEN

- 1 TL Öl
- 3 Eier
- Salz
- 1 kg Quark
- 200 g Zucker plus 4 EL zum Bestäuben
- 100 g Sahne
- 3 EL Mehl
- 50 g Nusskerne
- 400 g Äpfel

AUSSERDEM

- Auflaufform (ca. 25 × 20 cm)

UND SO GEHT'S

Den Backofen auf 200 °C (Ober-/Unterhitze) vorheizen. Die Auflaufform mit Öl auspinseln.

Die Eier trennen. Die Eiweiße und 1 Prise Salz mit den Rührbesen des Handrührgeräts zu steifem Schnee schlagen. Eigelbe, Quark, Zucker, Sahne und Mehl verrühren. Die Nüsse hacken oder mahlen und unter die Quarkmasse rühren. Den Eischnee mit einem Teigschaber vorsichtig unter die Quarkmasse heben und diese in die Auflaufform füllen.

Die Äpfel vierteln, schälen, von den Kerngehäusen befreien und längs in dünne Scheiben schneiden. Die Apfelscheiben leicht in die Quarkmasse drücken und den Auflauf im heißen Ofen (unten) ca. 1 Stunde backen.

4 EL Zucker mit dem Blitzhacker zu feinem Puderzucker vermahlen. Den fertig gebackenen Quarkauflauf aus dem Ofen nehmen und, mit Puderzucker bestäubt, servieren.

–TIPP–

Noch schneller geht's, wenn Sie keine Äpfel auf dem Auflauf verteilen, sondern fertiges Apfelmus oder Fruchtmark aus dem Glas zum Auflauf reichen. Die lange Backzeit schreckt Sie ab? Sie können den Auflauf auch schon am Vortag backen, falls Sie da mehr Zeit haben, und im Backofen vor dem Servieren kurz erwärmen. Ganz ehrlich: Lauwarm schmeckt er eh am allerallerbesten.

PFANNKUCHEN

für Naschkatzen

30 MIN.

ZUTATEN

- 200 g Mehl
- 4 EL Zucker
- Salz
- 3 Eier
- 200 g Sahne
- Öl zum Braten

UND SO GEHT'S

Den Backofen auf 80 °C (Ober-/Unterhitze) vorheizen. Mehl, 2 EL Zucker, 1 Prise Salz und Eier in eine Rührschüssel geben und mit den Rührbesen des Handrührgeräts verrühren. Nach und nach die Sahne sowie 300 ml Wasser dazugeben und weiterrühren, bis ein dünnflüssiger, klümpchenfreier Teig entstanden ist. Den Teig ein paar Minuten ruhen lassen.

1 EL Öl in einer beschichteten Pfanne erhitzen, eine Schöpfkelle Teig hineingeben und durch Schwenken am Pfannenboden verteilen. Den Pfannkuchen bei mittlerer bis hoher Hitze backen, bis die Oberfläche gestockt und die Unterseite leicht gebräunt ist. Dann den Pfannkuchen wenden und die andere Seite ebenfalls bräunen.

Den fertigen Pfannkuchen aus der Pfanne heben und im vorgeheizten Backofen warmhalten. Etwas Öl in die Pfanne geben und auf die gleiche Weise 7 weitere Pfannkuchen backen. Die Pfannkuchen mit dem restlichen Zucker (2 EL) bestreuen und vernaschen.

–TIPP–

Statt Sahne und Wasser können Sie den Teig auch mit 500 ml Milch anrühren. Wie wäre es mit einer Füllung? Quark und Obst, Kirschgrütze und Sahne, Schokocreme und Banane, Frischkäse und Konfitüre, Fruchtmark, Zimtzucker, Nussmus – wählen Sie, was Ihnen als Familie am besten schmeckt und gerade im Haus ist!

ZUTATEN-REGISTER

F

FISCH

G

GEMÜSEMISCHUNG

K

KARTOFFEL

KÄSE

M

MEHL

N

P

Q

R

S

SCHNITZEL

SPINAT

T

TOMATE

Z

ZWIEBEL

REZEPT-REGISTER

A

B

C

F

G

K

– Über uns –

AUTORIN UND FOTOGRAFIN

Cora Wetzstein

Cora Wetzstein ist Diplom-Ökotrophologin und arbeitet seit 13 Jahren als freie Kochbuchautorin und -lektorin. Als Mama von zwei Kindern kennt sie das Problem: Hunger groß und fast nix Essbares im Haus! Deshalb hat sie mit diesem Buch aus der Not eine Tugend gemacht und aus einer sehr eingeschränkten Zutatenauswahl einfache, schnelle und familientaugliche Rezepte entwickelt. Ihr Fazit: Es schmeckt auch ohne Chichi superlecker!

Lena Pfetzer

Lena Pfetzer ist 23 Jahre alt und freie Fotografin. In ihrem kleinen Studio in der Nähe von Heidelberg dreht sich alles um Food. Neben Fotos für Kochbücher und Firmen betreibt Lena außerdem den schönen Foodblog „Lenaliciously“. Dort gibt es vor allem gesunde, einfache und vegane Rezepte.

– Noch mehr –
TOLLE BÜCHER

2 STUNDEN VORKOCHEN FÜR DIE GANZE WOCHE

ISBN 978-3-7459-0175-7
€ 14,99 (D), € 15,50 (A)

RUCK-ZUCK-MITMACH-KOCHBUCH

ISBN 978-3-96093-034-1
€ 15,00 (D), € 15,50 (A)

FRECHE FREUNDE – FAMILIEN-KOCHBUCH

ISBN 978-3-86355-841-3
€ 12,99 (D), € 13,40 (A)

FRECHE FREUNDE – FAMILIEN-BACKBUCH

ISBN 978-3-96093-172-0
€ 12,99 (D), € 13,40 (A)

IMPRESSUM

Bibliografische Information der Deutschen Bibliothek.

Die Deutsche Bibliothek verzeichnet diese Publikation in der Deutschen Nationalbibliografie.

Detaillierte bibliografische Daten sind im Internet über http://www.dnb.de/ abrufbar.

EIN BUCH DER EDITION MICHAEL FISCHER

1. Auflage 2021

Cover & Layout: Silvia Keller

Satz: Claudia Kelpen

Projektleitung und Lektorat: Marline Ernzer

Fotografie: Lena Pfetzer (www.lenaliciously.com), Waghäusl

Illustrationen: Shutterstock: © Digital Draw Studio

ISBN 978-3-7459-0255-6

Gedruckt bei Polygraf Print, Čapajevova 44, 08001 Prešov, Slowakei

www.emf-verlag.de

ANTARCTICA